킹덤 2

킹덤 2

1판 1쇄 발행 2020년 3월 23일
1판 2쇄 발행 2021년 3월 15일

지 은 이 김은희
펴 낸 이 신혜경
펴 낸 곳 마음의숲

대 표 권대웅
편 집 전유진 채수회
디 자 인 임정현 박기연
마 케 팅 노근수 김은빈

출판등록 2006년 8월 1일(제2006-000159호)
주 소 서울특별시 마포구 와우산로30길 36 마음의숲빌딩(창전동 6-32)
전 화 (02) 322-3164~5 팩스 (02) 322-3166
이 메 일 maumsup@naver.com
인스타그램 instagram.com/maumsup
용지 (주)타라유통 인쇄·제본 (주)에이치이피

ISBN 979-11-6285-055-8 (03680)

* 이 도서의 국립중앙도서관 출판예정도서목록(CIP)은 서지정보유통지원시스템 홈페이지(http://seoji.nl.go.kr)와
국가자료종합목록 구축시스템(http://kolis-net.nl.go.kr)에서 이용하실 수 있습니다.
(CIP제어번호 : CIP2020010547)

킹덤 2

김은희 대본집

마음의숲

작가의 말

아침 해가 떠오르던 낙동강 물길.

단풍으로 감싸인 후원 저수지 안에 버려졌던 차디찬 시신들.

듣도 보도 못한 괴질로 화염에 휩싸인 동래 땅.

베고 또 베어도 끝도 없이 갈대밭에서 튀어나오던 생사역 환자들.

그저 흰 종이 위의 검은 글자들이었던 대본이 수많은 사람들의 땀과 노고로 〈킹덤〉이란 드라마로 탄생되었습니다. 글보다 훨씬 훌륭하게 구현된 영상이 〈킹덤 2〉 대본을 쓰는 데 정말 큰 힘이 되었습니다.

영하 20도까지 떨어졌던 험한 날씨 속에서도 가파른 언덕길, 갈대숲, 거친 산길을 몇십 번, 몇백 번을 뛰어주었던 배우들. 카메라 뒤에서 묵묵히 현장을 지켜준 감독님과 수많은 스탭들에게 감사의 인사를 전하고 싶습니다.

〈킹덤〉 시리즈의 진정한 주역인 생사역 배우들에게도 진심 어린 박수를 보내고 싶습니다.

김은희 작가

감독의 말

〈킹덤〉 시즌 1 후반 작업이 한창이던 2018년 늦여름, 시즌 2 제작이 결정되었다. 그 순간 기대와 동시에 걱정도 됐다. 과연 시즌 1에 던져놓은 그 많은 이야기들을 제대로 정리할 수 있을까? 하지만 이는 기우였다.

김은희 작가는 시즌 2 대본에 시즌 1에 뿌려놓았던 많은 떡밥들을 하나하나 빠진 것 없이 철저히 거두고는, 그 다음을 위해 또다시 새로운 떡밥들을 심어놓았다. 시즌 1을 협업하며 이미 감탄한 김은희 작가의 서사 능력이었지만 그것은 단지 시작일 뿐, 이제부터 제대로 놀랄만한 이야기를 만날 수 있을 것이다. 이러한 작가와 또다시 작업할 수 있었던 것에 감사하고, 그 이야기를 화면으로 담아주신 스탭들에게 또한 고마움을 표하고 싶다. 그리고, 3년 전 새로운 창작의 마당을 제시해준 넷플릭스에게 다시 한번 감사함을 표한다.

〈킹덤 2〉, 시청자들에게 많은 사랑을 받기를 기대해본다.

김성훈 감독

감독의 말

〈특별시민〉이라는 영화를 끝내고 다음 작품 아이템을 찾고 있었던 때였다. '다음 영화는 이전까지 만들었던 장르와는 다른 종류의 것을 만들어보고 싶다' 정도의 막연한 고민을 하던 참이었다. 행복한 감독은 (물론 흥행에 성공한 감독이겠지만) 하고 싶은 이야기가 많은 감독이라고 생각하는데, 난 그때 좀 불행한 감독이자 백수였다. 그때 김성훈 감독님에게 연락이 왔다.

"조금 긴 아르바이트가 있는데…"

순간 한 생각이 번쩍 뇌리에 스쳤다.

'킹덤이구만.'

소문을 들어서 얼마나 고통스럽고 힘든 작업인지 잘 알고 있었다. 그런데 어느 순간 편집실에 앉아 편집본을 재미있게 보고 있었고, 소파에는 김은희 작가님의 대본이 놓여있었다. 솔직히 그때는 '이 작품을 하고 싶다'보다는 '할 수 있을까'라고 생각했다. 모든 게 처음 도전해 보는 것들 투성이였으니까. 하지만 불행한 감독이자 백수인 내게 고민의 시간은 사치일 뿐. 그리고 이 작품을 맡기로 결정한 순간, 나는 비로소 백수에서 탈출하여 행복한 감독이 되었다.

먼저 〈킹덤〉과의 소개팅을 주선해준 김성훈 감독님과 김은희 작가님께 진심으로 감사하다는 말을 전한다. 〈킹덤〉을 가장 사랑스럽고 매력 있고 멋있게 만들어준 배우분들과 스탭들에게도 감사함을 표하고 싶다.

작품을 만드는 것은 연애를 하는 것과 같다고 생각한다. 〈킹덤〉을 열렬히 사랑했고 미워했고 질투했고 그리워했다. 이제 〈킹덤〉과 기꺼이 이별해야 할 때인 것 같다. 부디 많은 사랑을 받기를.

자, 나는 이제 새로운 연애를 하러 가야지!

박인제 감독

목차

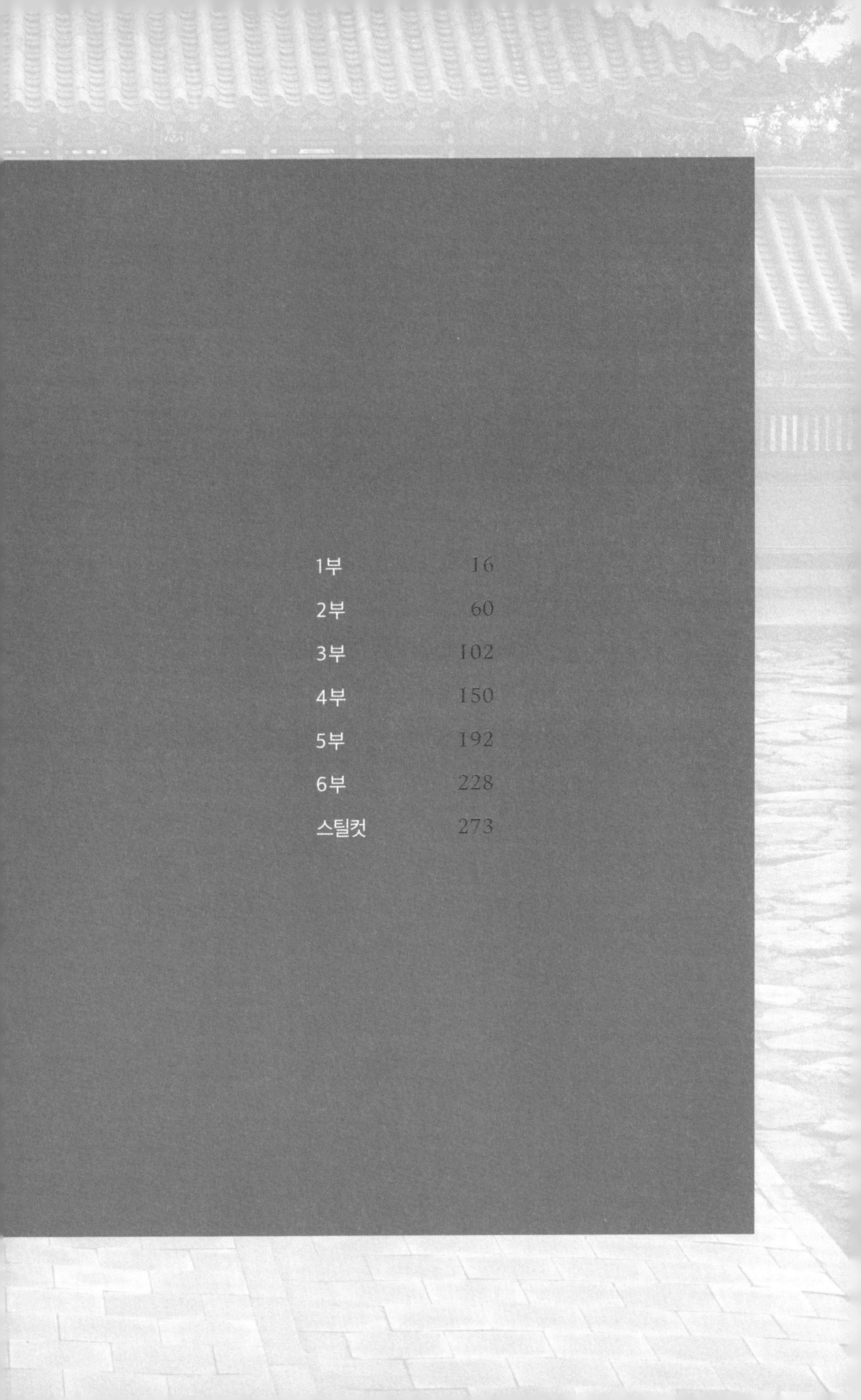

소개글

배고픔이 만들어낸 재앙, 모든 것은 피에서 시작되었다!

시즌 1은 죽었던 왕이 되살아나고 반역자로 몰린 왕세자 이창이 향한 조선의 끝, 그곳에서 굶주린 끝에 괴물이 되어버린 이들의 비밀을 파헤치는 이야기였다. 시즌 2에서 이창과 그의 일행은 다시 조선의 심장인 한양으로 향한다. 역병이 들불처럼 온 나라를 뒤덮고, 마침내 도착한 궁에서 이창은 또 다른 음모와 더욱 거세진 조씨 일가의 탐욕과 마주한다.

시즌 1이 굶주림을 테마로 배고픔에 내몰린 백성과 역병의 실체, 채워지지 않은 권력의 허기 끝에 탐욕스러워진 권력자들을 깊이 있는 시선으로 그려냈다면 시즌 2에서는 한발 더 나아가 피를 둘러싼 이들의 걷잡을 수 없는 욕망, 그로 인해 말미암은 피의 사투를 보여준다.

"시즌 2는 피에 대한 이야기다. 단순히 피가 아닌 핏줄과 혈통에 대한 이야기를 하고 싶었다." 김은희 작가는 시즌 2를 관통하는 메시지에 대해 밝혔다. 시즌 2는 배고픔이 만들어낸 재앙, 그 모든 것이 피에서 시작되었음을 하나둘 밝혀나간다. 더욱 거세진 역병과 거대해진 생사역 군단에 맞서 사투를 벌이는 이창 일행과 핏줄에 집착하고 혈통에 모든 것을 거는 조씨 일가의 탐욕이 결국 재앙을 불러온다.

배고픔이 만들어낸 재앙, 그로 인해 벌어진 피의 전쟁은 인물들이 각자에게 닥친 고난을 어떻게 극복해야 하는지, 어떤 선택을 해야 하는지에 대한 숙제를 함께 안긴다. 역경과 고난을 뚫고 성장하고 변화해 나가는 주인공을 지켜보는 것 역시 시즌 2의 큰 관전 포인트다.

피로 물든 조선의 한 가운데서 백성을 위한 진정한 왕이 무엇일지 깨달아가는 이창과 역병의 원인에 가까워지며 혼란에 빠지는 서비, 확고한 신념으로 무자비하게 창을 쫓는 조학주, 핏줄과 왕좌에 대한 집착으로 상상치도 못할 음모를 꾸미는 중전까지 성장과 파국을 향해 달려가는 인물들의 이야기가 숨 쉴 틈 없이 몰아친다. 또한 여전히 창을 지키지만 무언가를 숨기는 듯한 무영과 3년 전 역병의 비밀과 얽혀있는 안현 대감과 영신까지, 지옥으로 변한 조선에서 살아남은 이들의 피 끓는 사투가 한시도 긴장을 늦출 수 없게 한다.

여기에 시즌 1에 남겨졌던 수많은 미스터리들이 풀리며 매 에피소드를 따라가는 재미는 배가 된다. 피로 뒤덮인 조선에서 뜨겁게 들끓는 생사역과 맞서는 이들의 긴박한 이야기가 대한민국은 물론 전 세계를 다시 한번 매료시킬 것이다.

"살아남아 저들을 이 땅을 구할 것입니다."

역병의 근원을 쫓아 궁으로 향하는 왕세자, 이창 / 주지훈

조선의 끝, 동래에서 역병의 실체를 마주한 창은 역병의 근원을 파헤치고자 끝없이 몰려드는 생사역들을 뚫고 자신을 밀어냈던 궁으로 다시 향한다. 한양으로 돌아가는 내내 백성들의 처참한 현실을 직접 목도하게 되는 창, 자신이 할 수 있는 것과 해야 하는 것에 대한 고민이 깊어져 간다. 마침내 도착한 궁, 그 안에 번진 또 다른 음모가 그를 기다린다.

"내가 지키는 건 이 나라의 근간인 왕실과 종묘사직이에요."

조선을 제 손아귀에 넣으려는 영의정, 조학주 / 류승룡

왕보다 더 큰 권력을 휘두르며 조선을 지배하던 조학주. 역병에 맞서던 창을 다시 한번 대역죄인으로 몰아간다. 자기 신념과 권력에 대한 탐욕을 내려놓지 않는 그는 두려울 게 없다.

"분명 역병을 다스릴 방도를 찾을 수 있을 것입니다."

목숨을 걸고 역병의 원인을 쫓는 의녀, 서비 / 배두나

죽었던 왕을 되살렸던 이승희 의원의 제자. 서비는 사시사철 안개가 끼는 계곡 언골에서 끝내 역병의 원인이 된 생사초를 발견한다. 낮에도 활동하는 생사역들을 피해 역병에 얽힌 숨은 진실을 좇는 그녀는 범팔과 함께 한양으로 향한다. 조선을 피로 물들인 끔찍한 역병의 원인이 그녀의 노력으로 인해 하나둘 드러나기 시작한다.

창과 함께 괴물에 맞서는 명포수, 영신 / 김성규

지율헌의 환자들이 괴물로 변하는 것을 목격한 뒤 창의 무리에 합류해 생사역과 맞서 싸운다. 호랑이를 사냥하던 특수 부대 착호군 출신으로 누구보다 발 빠른 움직임과 빼어난 총포술로 생사역을 물리치는 데 큰 도움을 준다. 그러나 자신의 속내를 좀처럼 드러내지 않고, 생사역을 상대하는 법을 정확히 알고 있는 점으로 인해 사람들의 의구심 또한 사라지지 않는다.

임신한 아내를 두고 세자를 따라나선 좌익위, 무영 / 김상호

누구보다 가까이서 세자를 보위해온 무영. 창과 함께 반역자가 되어 쫓기는 신세가 되지만 생사역과의 지옥 같은 싸움 속에서도 묵묵히 창을 지켜왔다. 하지만 이창 일행의 행적을 밀고하는 내통자에 대한 의심이 커져가면서 무영의 얼굴은 날로 어두워진다. 한양에 두고 온 만삭의 아내 역시 그의 마음을 어지럽힌다.

안현의 곁을 지키는 충직한 부하, 덕성 / 진선규

안현의 오른팔로 누구보다 충직하게 곁을 지킨다. 덕성은 3년 전 안현과 조학주가 힘을 합쳐 왜구를 물리쳤을 당시 그들이 감춘 비밀을 알고 있는 인물이기도 하다. 진짜 목적을 숨기고 이창을 따르는 영신의 정체를 알아챈 덕성, 그의 존재가 계속해서 눈에 밟힌다.

조학주의 야망을 목격하는 또 다른 해원 조씨, 범팔 / 전석호

동래에 순식간에 역병이 퍼지자 망설임 없이 백성을 버리고 도망친 신임 부사. 특별한 능력도, 눈치도 없지만 해원 조씨의 핏줄이라는 이유로 번번이 목숨을 부지한다. 서비와 함께 한양으로 향하던 범팔은 해원 조씨의 야욕이 불러일으킨 참사를 직접 목격하게 된다.

내선재에서 벌어진 임산부 살인사건을 파헤치는 어영대장, 민치록 / 박병은

사체로 발견되는 여인들과 갓난아기의 시신까지 짐작조차 할 수 없는 사건의 단초들이 모두 중전의 사가인 내선재로 향하고 있음을 알게 되고, 큰 음모가 숨겨져 있음을 직감한다. 집요하게 사건을 조사하던 어영대장은 조심스럽게 중전의 비밀에 한 발짝 다가선다.

원자를 낳아 조선을 자신의 발아래에 두려는 야망가, 중전 / 김혜준

늙은 왕과 결혼한 조학주의 딸. 모두 아비의 꼭두각시로 생각하지만 조학주보다 더 큰 야망을 숨기고 있다. 조학주가 한양과 궁을 비운 사이, 조선을 중전의 손아귀에 놓아줄 거짓 출산이 시작된다.

창을 역적으로 모는 훈련대장, 이강윤 / 김태훈

조학주의 명령에 복종하고 해원 조씨 가문에 충성을 다하는 훈련대장. 한양으로 향하고자 하는 창에게 가장 큰 위협이 되는 인물 중 하나다.

충직한 안현의 가내 노비, 가노 대장 / 김윤성

안현 가문을 모시는 가노 대장. 안현의 비밀을 알고 있는 또 다른 인물이다.

창이 의지하고 믿는 옛 스승, 안현 대감 / 허준호

3년 전 왜구로부터 나라를 구했으나 그로 인해 아무에게도 말 못 할 비밀과 죄책감을 안고 산다. 창이 의지하는 스승으로 그와 함께 생사역에 맞서 싸우고 조학주의 음모로부터 그를 지키려 한다.

일러두기

- 이 책의 편집은 김은희 작가의 드라마 대본 집필 형식을 최대한 따랐습니다.
- 드라마 대사는 글말이 아닌 입말임을 감안하여, 한글맞춤법과 다른 부분이라 해도 그 표현을 그대로 살렸습니다.
- 쉼표, 마침표, 느낌표 등의 구두점도 작가의 의도를 따랐습니다. 마침표가 없는 것 역시 작가의 의도입니다.
- 말줄임표는 두 개, 세 개 등으로 다양하게 표현되어 있습니다. 대사의 호흡을 표현하기 위한 작가의 의도를 반영한 결과입니다. 대사의 띄어쓰기도 같은 맥락입니다.
- 이 책은 작가의 최종 대본으로, 방송되지 않은 부분이 포함되어 있습니다.

용어 정리

D　Day. 낮.

N　Night. 밤.

씬　Scene. 표준국어대사전에 '신'이라고 등재되어 있으나 현장의 용어를 그대로 사용함. 영화를 구성하는 극적 단위의 하나. 같은 장소, 같은 시간 내에서 이루어지는 일련의 행동이나 대사가 이루어지는 부분.

몽타주　Montage. 따로따로 촬영한 화면을 적절하게 떼어 붙여서 하나의 새로운 장면이나 내용으로 만든 화면.

인서트　Insert. 화면의 특정 상황이나 동작을 강조하기 위해 삽입한 장면.

오버랩　Overlap. 하나의 화면이 끝나기 전에 다음 화면이 겹치면서 먼저 화면이 차차 사라지게 하는 기법.

오미트　Omit. 의미가 없어서, 혹은 방영 시간에 맞추기 위해 생략된 장면.

틸업　Tilt up. 카메라를 아래에서 위로 움직이며 촬영하는 기법.

1부

KINGDOM2

1 N, 과거, 운포늪 인근 막사 안

어두운 막사 안, 탁자 위에서 타오르고 있는 굵은 황초의 일렁이는 그림자. 탁자 옆에 앉아 있는 조학주의 무표정한 얼굴을 무겁게 비춘다.

* 자막 – 3년 전

가만히 어딘가를 바라보고 있는 조학주의 시선 쫓아가면 탁자 위에 놓여져 있는 보랏빛 생사초.

조학주 이것이 죽은 이를 되살린다는.. 그 풀인가?

천천히 고개 들어 맞은편을 바라보는 조학주.
맞은편에는 굳은 얼굴의 이승희 의원.

이승희 그러합니다. 이 풀의 진액을 침에 묻혀 죽은 자의 인당혈에 꽂으면 산 사람의 피와 살을 탐하는 괴물로 되살아나는데
단 천곡이 상하거나, 죽은 뒤 부패가 시작된 자는 되살릴 수 없습니다.

생사초를 내려다보며 이승희 의원의 얘기를 듣던 조학주.
천천히 의자에서 일어서 막사 문을 열고 밖으로 나선다.

2 N, 과거, 운포늪 인근, 안현 부대의 진지

막사를 나서던 조학주. 어딘가를 보고 멈춰 선다.
막사 사이 공터에 피워진 모닥불 근처에 누워 신음하고 있는 부상병들이다.
굳은 눈빛으로 부상병들을 보다가 천천히 막사들을 지나 이동하는 조학주의 시선으로 보여지는 진지 안의 분위기.
울음을 터뜨리고 있는 소년병들. 멍한 얼굴로 주저앉아 있는 병사들 등 패색이 완연한 진지를 걸어가는 조학주의 모습 위로 들려오는 겁에 질린 병사들의 목소리들.

병사 1 사방이 왜적들일세. 경상땅엔 상주만 남았어.
병사 2 곧 놈들이 운포늪으로 밀려올걸세.

병사 3　　이곳이 뚫리면 상주도 끝이야.

막사들을 지나 큰 공터에 다다르는 조학주.
공터에는 수많은 전사자들이 거적에 덮혀져 있는데,
그런 시신들 중 한 시신을 어두운 낯빛으로 내려보고 있는 안현.
덕성을 비롯한 가노들. 눈을 부릅뜨고 숨진 가노의 시신이다.
천천히 그런 가노의 눈을 감겨주는 안현.
어두운 낯빛으로 몸을 일으키다가 막사 쪽에 서서 자신을 바라보고 선 조학주와 눈빛이 마주친다.
타오르는 모닥불과 수많은 시신들을 사이에 둔 채 서로 마주보는 조학주와 안현의 모습에서..

3　　D, 현재, 문경새재 3관문

이른 아침, 푸르른 겨울 아침의 공기 아래 차가운 눈빛으로 상주읍성 쪽을 바라보고 있는 현재의 조학주의 모습에서 서서히 커져 오는 괴물들의 울부짖음.

* 자막 – 현재

4　　D, 운포늪 일각

믿기지 않는 눈빛으로 아침 안개를 뚫고 달려오고 있는 괴물들을 바라보는 창, 안현을 비롯한 덕성, 영신을 비롯한 가노 일행.
안개를 뚫고 하나둘씩 '키아아악' 괴성을 지르며 목책 쪽을 향해 미친 듯이 뛰어오는 괴물들.
뭍에 뗏목을 대고 있던 영신, 본능적으로 조총을 들어 괴물 하나를 처치하며 다시 뗏목을 물로 밀기 시작한다.
총소리에 정신이 나는 듯, '쏴라' 외치는 무영. 목책 뒤에 있던 가노들 화살을 쏘기 시작하고, 하나둘씩 쓰러지는 괴물들.
뭍으로 뗏목을 옮겼던 덕성, '배를 띄워라' 외치지만 뗏목을 맡았던 병사들, 괴물들이 뛰어오는 쪽에 가장 가까운 쪽에 있었던 탓에 하나둘씩 당하기 시작한다. 어찌할 수 없이 뗏목을 포기하고 목책 쪽으로 뛰어오며 활을 쏘기 시작하는 덕성.
영신은 총을 쏘다가 멀어지기 시작하는 뗏목에 뛰어올라 탄 뒤 다른 병사들과 함께 괴물들을 향해 총과 활을 쏘며 공격하고...
목책 밖에 나와 있던 창, 영신, 무영 등을 비롯한 가노들에 합류한 덕성, 함께 목책 안으로 들어가 문을 잠그고.. 그런 창 일행의 뒤를 쫓는 괴물들. 목책 쪽을 향해 몸을 날리는데, 갑자기 땅이 꺼진 듯 사라져 버린다.
목책 아래를 비추면 깊이 파놓은 참호. 참호 안에는 죽창들이 거꾸로 세워져 있고, 참호에 떨어져 죽창에 꿰어지는 괴물들, 크아악 괴성을 지른다. 쉼없이 달려와 참호 안으로 떨어지는 괴물들.
늪 위의 영신 일행과 목책 위에서 날리는 화살 세례에 달리다가 넘어지고 자빠지며 '크아악' 괴성을 지르는 괴물들의 시신, 점차 쌓여가지만 안개 너머에서 달려나오는 괴물들의 숫자는 줄지 않는다.

5　D, 상주읍성 성벽 위

성벽 위. 사색이 된 채 운포늪 쪽을 바라보고 있는 상주 아전들과 군관 1. 그때. 저 멀리에서 말을 타고 성벽 쪽으로 뛰어오는 병사 1. 성벽 위의 상주 아전 1. 다급히 병사 1에게

상주 아전 1 어찌된 일이냐!

성벽 아래에서 말을 멈춘 뒤 다급히 성벽 위를 향해 외치는 병사 1.

병사 1　역병환자들이 들이 닥쳤습니다!

그때. 병성천 쪽 길에서 들려오는 말발굽 소리.
역시 다급히 말을 타고 달려오는 병사 2다.

병사 2　병성천에도 역병 환자들이 몰려왔습니다!!

놀라서 그런 병사 2를 바라보는 사람들.

6　D, 병성천 다리 일각

다리 위. 겹겹이 설치된 수레 위 가득 쌓인 마른 섶이 맹렬히 불타오르고 있다. 그런 화염 너머 들려오는 괴성. 불 때문에 수레 근처로는 오지 못하지만 이빨을 드러내며 '크아악' 울부짖고 있는 괴물들이다.

수레들 너머에서 굳은 눈빛으로 그런 괴물들을 바라보고 있는 지휘관과 병사들.

지휘관 (병사들에게 외치는) 섶을 더 가지고 오거라! 어서!!

순간, '쾅' 뒤로 밀리기 시작하는 수레들.
놀라서 보는데 수레 밑으로 기어오고 있는 괴물들이다.
그 덕에 밀리는 수레들.
지휘관 놀라 밀리는 수레를 몸으로 막고, 병사들도 뒤이어 다급한 얼굴로 달려와 수레를 막는데 순간, 수레 아래로 사정없이 삐져나오는 괴물들의 검붉은 손들. 순간, 병사 한 명을 잡고 발목 부근을 사정없이 물어뜯기 시작하는 괴물들. 놀라서 비명을 지르며 수레에서 떨어지는 다른 병사들. 지휘관, 수레를 몸으로 막으며 검으로 손들을 잘라내 보지만, 역부족이다. 지휘관 역시 수레 아래서 들어오는 손에 붙잡히고 만다. 놀라서 뒤쪽으로 도망치던 병사들, 뒤돌아 검붉은 화염이 넘실대는 다리쪽을 본다. 검은 연기 때문에 자세한 상황이 잘 보이지 않는데..
순간, 검은 연기를 뚫고 괴물로 변한 지휘관이 '크아아악' 포효하며 병사들을 덮치고..

7 D, 운포늪 일각

괴물들의 시신들로 산을 이루는 운포늪 주변.
목책 뒤에서 연신 활을 날리던 창, 참호 쪽을 바라보는데 눈빛이 굳어진다.

여전히 쏟아지듯 달려와 참호 쪽으로 떨어지는 괴물들.

너무 숫자가 많다. 그 깊었던 참호가 어느새 차오르기 시작했다.

아우성치면서 기어오르려 애쓰는 괴물들. 그 위로 계속해서 떨어지며 점점 위험수위에 도달하고..

괴물들 때문에 목책이 조금씩 부서지기 시작한다.

이런 상황을 예측하지 못한 듯 창도 안현도.. 그 옆의 장정들과 가노들도 눈빛 굳어지는데..

순간, 부서진 목책 사이로 상체가 넘어오는 괴물들.

그 괴물들의 머리를 공격하는 창.

창 　물러서지 마라! 이곳이 뚫리면 모두 죽는다!!

그러나 운포늪 너머에서 꾸역꾸역 몰려드는 괴물들로 점차 목책이 기울기 시작한다.

안현 　퇴각해야 합니다! 어서요!!

늪 위의 배에서 총을 쏘고 활을 날리던 영신과 병사들, 뒤를 돌아보는데 뗏목 위에 더 이상 남은 탄환도 화살도 없다. 망연자실한 그들의 귓가에 목책 쪽에서 '뿌우우' 뿔나팔 소리가 들려온다.

8 　D, 상주읍성 성벽 위

역시 뿔나팔 소리를 듣고 있는 군관들.

군관 1 퇴각신홉니다! (뒤돌아 병사들에게) 줄사다리를 준비해라!

9 D, 운포늪 위 배

배 위의 영신, 굳은 눈빛으로 주변을 둘러보다가 운포늪 쪽이 아닌 반대편 수풀 쪽을 보며

영신 뭍으로 가야 합니다!

병사 사방이 괴물이요!

영신 여기서 얼어죽을 겁니까?!

10 D, 상주읍성 인근 들판 일각

상주읍성을 향해 빠르게 달려오는 창, 안현, 무영, 덕성을 비롯한 가노들과 장정들. 후미 쪽으로는 괴물들이 아슬아슬 따라붙기 시작하는데..

창과 안현, 무영, 덕성을 비롯한 가노들, 일행의 후미와 중간에서 뒤처지는 자들을 '뛰어라!! 어서!!' 독려하며 상주읍성으로 향하는데, 읍성으로 다가갈수록 병성천 다리 쪽에서 바람을 타고 흘러오는 검은 연기가 시야를 가리기 시작한다.

그런 연기 사이 저 앞쪽으로 보이기 시작하는 상주읍성.

성벽 위에서 하나둘씩 내려오기 시작하는 줄사다리. 선두에서 뛰어가던 장정들, 빠르게 달려가 줄사다리를 잡는데, 순간 검은 연기를 뚫고 튀어나와 장정들을 덮치는 병성천 쪽의 괴물들.

놀라 그런 모습을 바라보는 창, 안현, 무영, 덕성 일행. 검은 연기를 뚫고 미친 듯이 일행을 공격하는 괴물들.
하나둘이 아니다. 상주읍성으로 더 이상 접근이 불가능하다.
놀라서 그런 광경을 지켜보던 안현, 순간 달려드는 괴물을 베어내며 사람들에게 외친다.

안현 수로다! 북천 쪽 수로로 달려라!

창, 역시 달려드는 괴물들을 베면서 안현에게 외치는

창 북천으로 가면 읍성과는 멀어집니다!
안현 그곳에 전란때 만든 암도가 있습니다!

다급한 상황 속, 안현을 필두로 방향을 바꿔 북쪽을 향해 달리는 일행들.
위에서 바라보면 검은 연기 사이사이 북천을 향해 달리는 일행들의 뒤를 쫓는 엄청난 숫자의 괴물들.

11 D, 상주 읍성 외곽, 북천 인근 수로 입구

북천 방향 벌판 일각, 낮은 둔덕 아래 만들어진 수로의 쇠창살 문을 향해 달려오는 창과 안현, 무영, 덕성을 비롯한 가노들과 장정들.
가노들 중 한 명, 쇠창살 문으로 달려와 품에서 열쇠를 꺼내 문에 둘러진 쇠사슬을 고정시킨 자물쇠를 능숙하게 연다. '끼이익' 열리는 쇠창살 문 너머 상주읍성과 연결된 어두운 암도가 드러나고..

수로까지 무사히 뛰어온 장정들과 병사들을 먼저 들어가게 하는 창, 안현, 무영, 덕성을 비롯한 가노들. 그런 일행의 후미를 '크아아' 따라붙은 괴물 하나가 공격하려는 순간, 어디선가 날아온 소도 하나가 괴물의 미간을 적중시킨다. 다른 쪽 방향에서 달려오던 소수의 병사들과 영신이다.
그 무리들 뒤쪽으로도 괴물들이 따라붙고 있는 상황. 다급히 수로 쪽으로 달려와 싸움에 합류하는 병사들과 영신.
후미 쪽으로 따라붙는 괴물들의 숫자가 많아지면서 후미 쪽 장정들 공격을 받기 시작하고.. 무영과 가노들, 안현과 창에게 '들어가셔야 합니다!' 수로 안으로 대피시킨다. 영신과 덕성을 비롯한 가노들, 그 뒤를 따르려 하는데 순간 수로 위 둔덕 쪽에서 떨어지며 자물쇠를 갖고 있던 가노를 공격하는 괴물들. 덕분에 가노가 들고 있던 자물쇠가 땅으로 떨어져 버리고..
자물쇠를 주우려 하는 영신과 다른 가노들, 그러나 잡기도 전에 위아래에서 쏟아지는 괴물들 덕에 더욱 위급해지며 되려 가노들마저 하나둘씩 괴물로 변하기 시작하고 암도 입구마저 위험해지기 시작한다.
암도 안쪽으로 들어가던 창과 안현 일행, 그 모습을 보고 덕성 일행을 구하기 위해 다시 되돌아오는데.. 덕성, 그런 창 일행의 모습을 보자 더욱 다급히 검을 휘두르며 자물쇠를 주우려 몸을 날리려는 영신에게

덕성 　들어가! 어서! 빨리!

영신, 그 소리에 멈칫하다 몸을 돌려 문을 향해 뛰어든 뒤 덕성을 뒤돌아보는데.. 자물쇠를 버려둔 채 뒤이어 문으로 뛰어온 덕성, 밖에서 문을 밀어 닫아 버린다.
그런 덕성의 손을 보면 이미 괴물에게 물려 피투성이가 되어 있다.

놀라서 그런 모습을 바라보는 영신.

안현, 창 일행 역시 놀라 바라보는데..

덕성, 문에 걸려 있던 쇠사슬을 들어 자신과 양쪽의 창살문을 엮듯 돌려 감고는 한 치의 망설임 없이 겹쳐 두른 사슬 사이로 자신의 몸을 관통시키며 검을 꽂아버린다. 왈칵 붉은 피가 흘러내리는 덕성의 입가..

그런 덕성의 등 뒤로 몰려와 물어뜯기 시작하는 괴물들.

놀라서 그런 덕성을 바라보는 영신, 암도 안의 창, 안현 일행.

덕성 (아픔에 붉게 충혈된 눈빛으로 가노들에게) 대감마님을 모셔라! 어서!

가노들, 그런 비참한 덕성의 모습을 떨리는 눈빛으로 보다가 '가셔야 합니다' 암도 안쪽으로 안현을 이끌고, 무영도 창을 암도 안으로 이끈다.

사람들 사라지고 문가에 선 영신만이 남아 덕성을 바라본다.

그런 영신을 회한과 죄책감에 서린 눈빛으로 바라보는 덕성.

덕성 미안하다..

영신, 그런 덕성을 바라보는데.. 덕성, 서서히 죽음에 이르는 듯 눈도 감지 못한 채 고개를 툭 떨구는데.. 서서히 부르르 발작이 일어나려 한다.

영신, 떨리는 눈빛으로 바라보다가 들고 있던 검으로 덕성의 목을 찌른다. 툭 발작이 멈추고.. 죽음을 맞는 덕성.

'크르르' 미친 듯이 창살문으로 들어오려는 괴물들에 휩싸여 홀로 남아 고개를 떨군 채 자신의 몸으로 문을 막고 선 덕성의 마지막 모습을 떨리는 눈빛으로 바라보던 영신, 뒤돌아 암도 안쪽을 향해 뛰기 시작한다.

12　D, 상주읍성 안, 성벽 인근 암도 입구 / 성벽 위

성벽 옆쪽 판자문을 통해 하나둘씩 읍성 안으로 올라서는 장정들.
암도 입구 주변에는 백성들과 피난민들, 상주 군관, 아전들이 몰려 피투성이에 초췌한 몰골로 올라서는 장정들을 불안한 눈빛으로 바라본다.
장정들에 이어 안현과 창이 오르자 두 사람에게 달려드는 상주 아전들.

상주 아전 1 (떨리는 눈빛으로) 어찌된 것입니까?
아침이 되면 다 시신으로 돌아간다 하지 않으셨습니까.

아직까지 정신을 수습하지 못한 채 혼란스럽고 떨리는 눈빛의 창과 안현.
그 누구도 이유를 알지 못한다. 고개를 좌우로 젓는 창.

창　모른다.. 해가 뜨면 사라졌었는데.. 분명 그랬는데..

다들 혼란스럽고 어찌할 바를 모른 채 서로를 바라본다..
정적이 감돌자 더욱 크게 들려오는 성 밖 괴물들의 울부짖음.
안현, 눈빛 어두워지며

안현　..그 이유가 무엇이 중요하겠는가.

성벽으로 다가가 계단을 올라 성벽 위로 오르는 안현의 시선에서 보여지는 성벽 외곽.
검은 연기 사이로 보여지는 상주읍성 주변은 온통 괴물들 천지다.
떨리는 눈빛으로 그런 상주읍성 외곽을 바라보는 안현.

안현 경상땅은... 끝났어..

절망에 빠진 채 성 밖을 바라보는 안현.
피투성이가 된 채 주저앉는 가노들..
역시 머리를 부여잡고 주저앉은 무영.
굳은 눈빛으로 피에 젖은 자신의 손을 내려보는 창의 모습 위로 더욱 커져 가는 괴물들의 울부짖음.

13 D, 언골 일각

차가운 안개로 감싸인 언골 일각.
웅덩이 주변으로는 '크르르' 포효하며 서비를 노리고 있는 열 명 남짓의 괴물들에서 서서히 빠지는 화면. 서비와 범팔이 있던 동굴 안 어느새 텅 비어 있고..
웅덩이 위, 절벽 쪽을 비추면 거친 숨소리. 아슬아슬 메마른 나뭇가지들을 잡고 절벽을 올라타고 있는 서비와 범팔이다.
낑낑거리며 절벽 위로 먼저 올라서는 서비, 뒤이어 올라서는 범팔에게 손을 내밀어 범팔을 끌어올려 준다. 헉헉, 가쁜 숨을 내쉬며 쓰러지는 범팔.
서비, 불안한 듯 주변을 두리번거리다가 괴물이 없는 것을 확인하고는 안도의 한숨을 내쉰다. 절벽 아래 물가에서 여전히 서비와 범팔을 향해 으르렁거리는 괴물들을 바라보는 범팔.

범팔 저것들은 왜 아직도 저러고 있는 것이냐.

분명 해가 뜨면 사라지지 않았느냐.

서비 ...생사초는 찬곳을 좋아하는 풀입니다.

그 풀의 기질을 그대로 받았다면 햇빛을 두려워 했던 것이 아니라.. 온도가 올라가는 것을 싫어했던 것입니다.. 그런데 동지가 지나 해가 떠도 찬 기운이 계속되자 잠들지 않게 된 것이지요...

범팔 ...(하.. 절망의 한숨) 그럼 우린 끝인 것이냐?

살 길은 아래쪽에 있는데 낮이고 밤이고 저것들이 지키고 있지 않느냐.

서비, 물이 두려운 듯 물가 쪽으로는 건너오지 못하고 포효하는 괴물의 발을 가만히 바라보다가

서비 어제부터 지금까지 한 명도 늘지 않았습니다..

범팔 무슨 말이냐?

서비 ..이 근방에 괴물들은 저들뿐입니다. 그러니 그 동안 단 한명도 늘지 않은 것입니다.

범팔 (답답한 듯) 이 근방엔 괴물들이 없다 치자.

읍성 근처에는 괴물들이 득시글 할텐데 그곳까지 어찌 간단 말이냐?

고개 들어 자신들의 머리 위쪽을 바라보는 서비.

서비 읍성쪽이 아니라 저 위쪽으로 가야죠.

저들은 물을 건너지 못하니 위쪽으로 가면 저들에게서 벗어날 수 있을 것입니다.

범팔 산 위쪽? 대체 어디로 가자는 것이냐?

서비, 피신할 때 같이 가지고 온 약초 광주리에서 호미를 꺼내 들며

서비 제게 그리 말씀하지 않으셨습니까.
나으리는 해원조씨이니 무탈할 것이라구요.

14 D, 문경새재 성벽 위

험하고 가파른 산세를 따라 이어진 길고 높은 문경새재의 성벽 위.
적당한 간격을 두고 번을 서고 있는 예리한 눈빛의 훈련도감의 병사들.
한 치의 흐트러짐 없이 성벽 위를 지키고 있는데,
순간 성벽 밖 가파른 산길 쪽에서 날아오르는 새떼들.
이어 그쪽 숲 나무들이 흔들리며 이쪽으로 다가오고 있다.
날카롭게 그쪽을 바라보는 병사들. 일사불란하게 활을 들어 그 방향을 향해 활시위를 메기는데 흔들리는 숲에서 튀어나오는 범팔과 서비.
서비는 호미를 들어 후방 쪽을 경계하며 뛰어오고,
먼저 성벽에 도착한 범팔, 성벽 위의 병사들에게 백학이 새겨진 옥패를 들어 올리며

범팔 문을 열거라! 어서!!

병사들 중 지휘관 앞으로 나서서 범팔이 들고 있는 옥패를 보고 멈칫한다.
범팔, 더욱 목소리 높여 소리 지른다.

범팔 이 옥패를 몰라보겠느냐! 난 해원조씨다! 이놈들아!
어서 문을 열지 못할까!!

그런 범팔과 서비를 바라보는 지휘관과 병사들.

15 D, 문경새재 성벽 안

임시로 만들어진 훈련도감 병사들의 진지 중앙에 위치한 전각 문이 열리며 나서는 굳은 얼굴의 조학주.
그 뒤를 따르는 훈련대장 이강윤과(이하 이강윤으로 칭함) 지휘관.

이강윤 해원조씨 가문의 옥패를 가지고 있어 우선 새재 안으로 모시고 왔습니다.

조학주, 전각 밖 계단을 내려서다가 뭔가를 보고 멈춰 선다.
계단 아래 병사들과 함께 대기하고 있던 범팔과 서비다.
범팔, 조학주를 보자 울상이 되어 한달음에 달려가 조학주의 발아래 엎드리며

범팔 큰아버님! 접니다. 하나뿐인 조카 범팔이에요!
동래부사로 부임한 첫날에 저 괴이한 역병을 만나 겨우 목숨을 부지해 여기까지 왔습니다. 절 거두어 주십시오.

조학주, 차갑게 범팔을 내려다보다가

조학주　그래. 내 손으로 너를 직접 동래부사에 앉혔다.
그런데.. 그 막중한 자리에 있으면서 고작 한 것이 네 목숨 하나 부지한 것이였느냐.

범팔　(조학주의 눈빛에 멈칫해) 큰아버님.. 무슨 말씀을 하시는지..

조학주　동래를 책임지는 부사 주제에 선전관으로 내려간 금군별장이 세자에게 죽임을 당할 동안 뭘 하고 있었는지 묻는 것이다.

범팔　금군별장.. (사색이 되어 놀란) 범일형님께서 돌아가셨단 말입니까? 전 몰랐습니다. 정말 아무것도 몰랐습니다! 믿어주십시오!

조학주, 연신 조아리는 범팔을 한심한 듯 보다가

조학주　...니 몸에 흐르는 해원조씨의 피에 고마워하거라.
(이강윤에게) 동래도호부의 부사이며 해원 조씨의 유일한 후계자다. 그에 걸맞는 대접을 해주거라.

이강윤　저 계집은 어찌할까요?

조학주의 시선, 저 뒤쪽 병사들과 서 있는 서비에게 멈춘다.

범팔　그것이.. 동래 이승희의원 밑에 있던 의녀입니다.
제가 살아서 예까지 올 수 있도록 큰 도움을 주었습니다.

조학주, 범팔을 보다가 다시 한번 서비를 본다.

조학주　이승희 의원의 밑에 있었다.. 사실이냐?

서비, 조학주를 보다가 고개를 조아리며

서비　그러합니다.

조학주, 가만히 서비를 보다가

조학주　저 아이에게도 거처를 마련해 주거라.

돌아서서 전각 안으로 걸어 들어가려던 조학주, 다시 한번 멈춰 돌아서서 병사들의 인도를 받으며 돌아서서 걸어가는 서비를 눈여겨 바라본다.

16　D, 한양 읍성 일각 / 어영청 건물 앞

좌거를 타고 어디론가 이동 중인 병판.
백토로 문 앞에 손바닥을 그리고 있는 양민들,
번듯한 사대부가 문 앞에서 붉은 소의 피를 대문에 뿌리고 있는 하인들의 모습 등 뒤숭숭한 한양의 모습들을 말없이 지켜보고 있다.
좌거 옆에서 함께 이동하던 청지기, 병판에게

청지기　이제 곧 어영청입니다.

고개를 돌려 앞을 보면 저 앞쪽에 보이는 어영청 건물.
건물 앞에서 대기 중이던 어영대장 민치록(이하 민치록이라 칭함)과 부관들,

다가오는 병판을 보자 천천히 나와 목례를 한다.
그 앞에 멈춰 서는 좌거에서 병판, 내려서며 민치록에게

병판 나라에 큰일이 있어 영상께서 직접 문경으로 행차하셨네.
이런 시국에 의정부까지 비우고 직접 와 확인해야 할 것이 대체 무엇인가?

굳은 눈빛으로 병판을 바라보는 민치록.

민치록 매우 중요한 사안입니다.
제조 대감께서 꼭 직접 보셔야 합니다.

17 D, 어영청 창고 안

끼익 문 열리며 창고로 들어서는 병판과 민치록.
오후임에도 불구하고 어두컴컴한 창고 안.
중앙에 놓여진 탁자 위에는 거적으로 덮혀진 무언가가 놓여져 있다.
그 주변을 지키고 있는 어영청의 상급 군관 두 명.
민치록 눈짓하면 문을 닫고 나가며 자리를 비워준다.

병판 (거적을 보며) 이것이 무엇인가?

대답 없이 탁자로 다가가는 민치록.
거적을 걷자, 검붉은 피가 낭자한 탁자 위에 반쯤 눈을 뜬 채 숨져 있는

임산부 2. 가슴팍에 깊게 베인 칼자국에서 흘러내린 핏자국이 선명하다.
놀라서 바라보는 병판에게 시신을 보며 보고하는 민치록.

민치록　어젯밤, 북문밖에서 발견된 여인입니다.
검안한 시생파의 얘기로는 갓 아이를 출산한 상태였다 합니다.

민치록, 임산부 2의 옆에 놓여진 작은 보따리를 가리키며

민치록　여인과 함께 발견된 갓난아이는 발견 당시 이미 목이 졸려 숨진 상태였습니다.

병판　대체 누구길래 이런 몹쓸 짓을..
범인은 밝혀졌는가?

긴장된 눈빛으로 병판을 바라보는 민치록.

18　N, 과거, 북문 밖 개천가

산기슭, 개천가에 쓰러져 있는 임산부 2. 품에는 흰 천으로 쌓여진 갓난아기를 꼭 안고 있다.
멀리서 상급 군관과 함께 뛰어오며 상급 군관에게 '저깁니다!' 외치는 어영청 소속 병사들.
상급 군관, 뛰어와 임산부 2를 살펴보다가 품에 안겨진 아기를 빼내려 하는데 죽은 줄 알았던 임산부 2, 순간 눈을 번쩍 뜬다.
소스라치게 놀라 뒤로 물러서려는 상급 군관의 손을 꽉 붙잡는 임산부 2.

임산부 2 (제정신이 아닌 듯) 안돼. 안돼!!

상급 군관 (정신을 수습하며) 정신이 드느냐?

임산부 2 내 아기를 죽였어.. 나도 죽이려고 했어.
다른 사람들도 다 죽일 거야..

19 D, 현재, 어영청 창고 안

굳은 얼굴로 민치록을 바라보는 병판.

병판 다른 이들이 더 죽는다 했단 말이냐?

민치록 예. 자신이 기거하던 곳의 사람들이 자신과 아이를 해쳤고 다른 사람들도 다 죽일꺼라는 말을 남기고 숨졌다 합니다.

병판 그곳이 어디인가?

민치록, 눈빛 더욱 굳어지며

민치록 북문 밖 삼계동의 내선잽니다.

소스라치게 놀라 낯빛이 굳는 병판.

병판 ...북문 밖 내선재라면..

민치록 예. 해원조씨 가문의 별채..
중전마마의 사가입니다.

떨리는 눈빛으로 민치록을 바라보는 병판의 모습에서..

20　D, 중궁전 후원

후원에 자리한 별당 외경.

21　D, 후원 별당

딸랑..딸랑 천천히 울리는 방울 소리가 들려오는 작은 별당 안.
부처님, 옥황상제, 칠성신, 관우 장군, 산신령, 백마 장군, 삼신 할매 등등 사면에 붙혀진 무신도. 한켠에 피워진 향에서 퍼지는 연기.
비스듬히 놓여진 죽은 까마귀가 올려진 접시에서 아래쪽 받혀놓은 사발로 붉은 피가 뚝뚝 떨어지고 있고..
탁자를 앞에 두고 앉아 있는 무녀. 눈을 감고 집중한 채 앞뒤로 몸을 흔들고 있는데 탁자 위에 놓여진 하얀 쌀이 담긴 사발에 꽂혀진 방울, 마치 무녀의 몸짓을 따르는 듯 저절로 앞뒤로 흔들리며 방울 소리를 내고 있다.
방 중앙에 드리워진 발 너머에서 그런 무녀를 말없이 바라보고 있는 계비.
그때 별당 문 조심스럽게 열리며 들어서는 굳은 눈빛의 중궁전 상궁.
다급히 계비에게 다가와 낮은 소리로

중궁전 상궁 어영청에서 내선재를 눈치챘습니다.

그러나 계비, 눈빛 하나 바뀌지 않고 여전히 앞뒤로 몸을 흔들고 있는 무녀만을 바라본다.

중궁전 상궁, 초조한 눈빛으로 안절부절 계비를 바라보다가

중궁전 상궁 새재로 가신 영상대감께 도움을 청해야 합니다.

계비, 영상 대감이란 얘기에 삽시간에 눈빛 차가워지며

계비 아버님은 아니된다.

(다시 무당을 바라보며) 아버님께는.. 절대 비밀로 해야 한다..

중궁전 상궁 (답답한 눈빛) 마마.. 허나..

그때, 서서히 빨라지는 무녀의 몸.

그와 상응하듯 역시 빨라지는 방울 소리.

계비 왕자만 태어나면 된다. 그리되면 어영청이건 그 누구건..

내게 함부로 하지 못할 것이다.

더욱 절정을 치닫는 방울 소리.

순간, 뚝 무녀의 몸이 멈추자, 방울 소리 역시 멈추고

정적만이 감도는 순간, 번쩍 뜨이는 무녀의 눈.

붉게 충혈된 눈빛으로 가만히 계비를 바라보던 무녀.

무녀 ...그믐달이 지기 전 삼신상을 차리십시오.

그날 왕자아기씨를 품에 안으실 것입니다.

무녀의 말을 들은 계비의 입가에 서서히 미소가 지어진다.

번득이는 눈빛으로 함박 미소를 짓는 계비의 모습에서

22 N, 상주읍성 안 몽타주

–하늘 위에서 맴도는 매 한 마리.

그 위에 떠 있는 반쯤 이지러진 달을 가리는 검은 구름.

마치 소용돌이치듯 엄청나게 들려오는 괴물들의 '크르르' 울음소리.

–상주읍성 안, 민가

문과 창문을 걸어 잠근 채, 한데 모여 겁에 질려 떨고 있는 한 가족.

–상주읍성, 거리 일각

어둠에 휩싸인 상주읍성 거리 곳곳에 넋을 잃고 멍하니 앉아 있는 피난민들, 군관들.

아무리 귀를 닫아도 들려오는 괴물들의 소리에 울음을 터뜨리는 아이를 꼭 안아주는 피난민 엄마. 그러나 엄마의 눈빛에도 절망이 가득하다.

–상주읍성 성벽 아래

더 이상 움직일 기력이 없는 듯 성벽에 기대어 앉아 있는 창.

점점 더 커지는 괴물들의 소리에 괴로운 듯 고개를 감싼다.

23　N, 상주읍성 안, 내창

읍성 안에 위치한 목재로 된 내창 건물.
저장된 식량의 양들을 확인 중인 안현과 가노 1, 상주 아전 1, 상주 군관 1.
다들 낯빛도 목소리도 어둡기만 하다.

상주 아전 1 아껴서 먹는다 해도 닷새 밖에 못 버틸 듯 합니다.
피난민들의 숫자가 워낙 많아서..

안현　(어두운 얼굴로 생각에 잠기다가) 매일 아침, 성안의 모든 사람에게 골고루 나누어 주거라. 아끼는 것이 마땅하나 부족함이 커서도 안 될 것이다.

상주 아전 1, 어쩔 수 없다는 듯 어두운 얼굴로 고개를 끄덕하고..

24　N, 내창 건물 외곽

내창을 나오는 안현과 가노 1.
건물을 나와 걷기 시작하는데 안현의 뒤에서 어두운 얼굴로 따라 걷던 가노 1.

가노 1　우리가 알던 그 역병이 아닙니다.

걸어가던 안현, 낯빛 굳으며 천천히 뒤돌아 본다.

가노 1 3년전에는 이러하지 않았습니다.
그저 인육만을 탐했을 뿐, 물린 이가 병에 전염되지도 않았고 해가 뜬 뒤에 저리 날뛰지도 않았습니다.

안현 ...

가노 1 이 역병에 대해 조학주대감이 숨긴 것이 있었습니다.
대감마님을.. 저희를 속인겁니다.

안현 (보다가) 말하고 싶은게 무엇이냐.

안현을 바라보는 가노 1의 눈빛에 죄책감이 엿보인다.

가노 1 그때.. 죗값을 지금 받고 있는 것 같습니다.
저희에게 천벌이 내린 거에요.

천천히 가노 1에게 다가가는 안현.

안현 후회하느냐?

가노 1 대감마님..

안현 난 후회하지 않는다.
3년 전 우리는 상주를.. 경상땅을 구했다.
다시 돌아간다 해도 난 그때와 똑같이 했을 것이다.

죄책감에 가득찬 눈빛으로 안현을 보던 가노 1, 고개를 조아린다.

가노 1 송구합니다. 소인이 잠시 정신이 나갔었나 봅니다.
가서 병사들과 함께 읍성의 경비를 살피겠습니다.

가노 1, 목례한 뒤 멀어지는데..

그런 뒷모습을 바라보던 안현의 눈빛에도 죄책감이 스며든다.

어두운 낯빛으로 서서히 내창 앞을 떠나는 안현.

잠시 뒤 두 사람이 대화를 나누던 내창 건물 사이 어두운 그늘에서 천천히 나서는 그림자. 무영이다. 안현이 멀어진 쪽을 가만히 보는..

25 N, 상주읍성 성벽 아래

멍하니 기대어 앉아 있는 창.

들려오는 무영의 목소리.

무영 저하.. 저하.. 괜찮으십니까?

창, 천천히 고개 들어 바라보면 굳은 얼굴의 무영이 창을 바라보고 있다.

무영 안현대감과 가노가 이상한 얘기를 하는 것을 들었습니다.
그들은 분명 이 역병에 대해 알고 있는 눈치였습니다.
조학주대감도 관련이 있는 것 같구요.

창 (그저 말없이 바라보는)

무영 처음부터 이곳은 수상했습니다.
여기 계속 계시는 건 위험합니다. 이곳을 떠나셔야 합니다.

창 …

무영 제가 모시겠습니다. 저하와 저, 둘이라면 가능합니다.
아까 지나온 수로를 지나 북천만 건너면 안전할 것입니다.

창, 무영을 가만히 바라보다가

창　..왜 내게 그런 얘기를 하는 것이냐?

무영　(멈칫해 보는)

창　...조학주가 그리하라 말하더냐?

무영　(눈빛 굳으며) 저하..

창　..스승님께서 말씀해 주셨다.. 내금위들은 내가 이곳에 올꺼라는 걸 알고 있었다고.. 네가 그리 한 것이냐?

무영　....(떨리는 눈빛으로 보는)

창　이미 나는 모든 희망을 잃었는데.. 뭘 더 바라느냐..
나와 스승님 사이 마저 갈라놓으려는 것이냐?

무영, 떨리는 눈빛으로 창을 바라보다가

무영　절 믿지 못하시는 겁니까?

창　...

무영　만삭인 안사람을 두고 저하만을 보고 여기까지 왔습니다.
저하의 말 한 마디에 제 가족.. 제 모든 것을 버려두고 이 먼 경상 땅까지 내려왔습니다.
그런 저를.. 믿지 못하시는 겁니까?

떨리는 눈빛으로 창을 바라보는 무영의 눈빛에 깃든 어두운 그림자.
무영을 믿고 싶지만 여전히 마음 한구석에 의심이 감도는 창.
서로를 가만히 바라보는데..
그때, 성곽과 좀 떨어진 읍성 거리 쪽으로 갑자기 사람들이 다급히 뛰어간다.

뭐지? 그쪽을 바라보는데 저 멀리에서 들려오는 '불이야!' 소리와 비명 소리들.

놀라서 일어나 거리 쪽으로 뛰어가보면, 저 멀리 상주읍성 중앙에 위치한 내창 건물 쪽에서 시뻘겋게 타오르고 있는 불길.

26　N, 상주 읍성, 내창 건물 밖

소식을 듣고 뛰어온 영신을 비롯한 읍성 사람들과 피난민들.

굳은 눈빛으로 타오르는 건물을 바라보고 있다.

뒤늦게 달려온 안현과 가노들, 아전들, 군관들 어찌해보려 건물로 다가가 보려 하지만, 이미 거세게 타오르는 불길. 어찌할 방도가 없다.

창과 무영 역시 달려와 보는데, 어찌할 틈도 없이 불타오르던 내창 건물의 기둥이 우지끈 굉음과 함께 무너진다. 더 이상 불길을 잡을 수가 없다.

믿기지 않는 듯 망연자실 떨리는 눈빛으로 바라보던 안현, 주변의 군관들에게

안현　식량들은.. 안에 있던 식량들은 꺼내었느냐?

군관들 중 한 명.. 낯빛 어두워지며 고개 가로로 젓고..

그런 군관들 중 끼어있던 상주 군관 1, 눈빛 분노로 타오르다가 검을 꺼내 들며 내창을 지키던 병사 1, 2에게 성큼성큼 다가서며

상주 군관 1 너희들은 대체 뭘 하고 있던 것이냐!

저리 되도록 뭘 하고 있었어!

검뎅이 투성이가 된 병사 1, 2. 그저 황망하고 당황한 기색으로 상주 군관 1을 보다가

병사 1 저희도 모릅니다! 갑자기 건물 안에서 '펑'소리가 나더니 불길이 올랐습니다!

상주 군관 1, 머리끝까지 분노로 이성을 잃은 듯 그런 병사 1의 가슴팍을 발로 차고, 뒤로 나가떨어지는 병사 1의 목에 검을 갖다 댄다.

상주 군관 1 저 창고가 얼마나 중한지 몰랐단 말이냐!
읍성 안 모두의 목숨줄이 그 안에 있었다!

병사 1, 겁에 질려 '잘못했습니다. 잘못했습니다' 상주 군관 1에게 빌기 시작한다. 그런 병사 1의 목을 내리칠 듯 상주 군관 1, 검을 곧추세우는데.. 순간 들려오는 목소리.

상주 아전 1(소리) 내가.. 내가 했소!

하나둘씩 상주 아전 1의 소리에 그쪽을 돌아보는 사람들.
죄책감이 가득한 상주 아전 1, 떨리는 눈빛으로 사람들을 보다가 털썩 무릎을 꿇고 주저앉는다.

상주 아전 1 그들이 아니요.. 내가.. 했소..

믿기지 않는 눈빛으로 울먹이는 상주 아전 1을 바라보는 사람들.

상주 아전 1 내 아이를 굶어 죽게 할 순 없어서.. 그저 쌀 한섬만 가져오려다가.. 이리 될 줄 몰랐소.. 그만 등불을 떨어뜨려서.. 미안하오.. 날.. 날 죽이시오.

기가 막힌 얼굴로 상주 아전 1을 바라보던 상주 군관 1.
허탈감이 몰려오며 들고 있던 검을 떨구고.. 털썩 주저앉는다.

상주 군관 1 어차피.. 우린 다 죽소.. 굶어죽거나.. 저 괴물들에게 물려.. 다 죽을 꺼요..

망연자실 주저앉은 상주 군관 1을 바라보는 백성들. 하나둘씩 주저앉아 울음을 터뜨리기 시작한다. 희망 따위는 없는 현실에 너도 나도 울음을 터뜨리는 백성들. 붉은 불길 아래 눈물을 흘리는 백성들을 떨리는 눈빛으로 그저 무력감에 빠져 바라보는 안현, 무영, 영신, 가노들..
창, 그런 그들을 떨리는 눈빛으로 바라보는데..
서서히 현실의 소음들이 사라지면서 왕의 목소리가 들려온다.

왕(소리) 살아남거라.. 살아남아야 한다.

–인서트
–궁궐 후원 저수지. 대례복을 입은 일곱 살의 어린 창.
자신에게 얘기하는 누군가를 바라본다.
역광을 받아 얼굴이 잘 보이지 않던 남자, 창에게 다가와 무릎을 굽혀

눈높이를 맞추며 서서히 얼굴이 드러난다.

곤룡포를 걸친 창의 아버지, 왕이다.

왕, 어린 창을 가만히 가엾게 바라보다가

왕 그러기 위해 내게 칼을 겨누는 일이 있다 해도..

너만은 살아남아야만 한다.

살아남아.. 너는 그들과 다르다는 것을 반드시 보여주거라.

-다시 상주읍성으로 돌아오면

화염에 휩싸이며 무너지는 내창 건물.

희망을 잃고 울고 있는 백성들, 절망에 휩싸인 안현, 가노들, 무영, 영신.

그런 그들을 바라보는 창의 모습 위로..

창(소리) 살아남겠습니다.. 소자... 살아남아 저들을.. 이 땅을 지키겠습니다.

결연한 눈빛으로 백성들을 바라보는 창의 모습에서..

27 N, 문경새재 외경

28 N, 문경새재 안, 진지 일각

진지 인근의 우물가.

물이 차 있는 사발을 앞에 두고 주저앉아 있는 서비와 범팔.

서비, 소매춤에서 갈무리해온 보랏빛 생사초를 꺼낸다.
풀잎들 뒤에 붙어 있는 검은 깨알 같은 것들.
풀을 한번 살펴본 뒤 사발 안의 물에 생사초를 집어넣는 서비.
잠시 있다가 다시 풀을 들어 변화가 있는지 살펴보지만, 아무 변화가 없다.

범팔　그런다고 역병을 막을 방도가 생길 것 같으냐.

서비　아무리 끔찍한 병도 막을 방도가 있었습니다.
이 병 또한 마찬가집니다. 이 풀을 좀 더 살펴보면 분명 막을 수 있는 방법을 찾을 수 있을 겁니다.

범팔　문경새재 안에만 있으면 우린 무사할 것이다.

서비　상주읍성에는 아직도 사람들이 살아있을 것입니다.
그들을 살려야만 합니다

그때, 들려오는 조학주의 목소리.

조학주　들고 있는 것이 무엇이냐.

서비, 범팔 화들짝 놀라 일어나 뒤를 돌아보면
내금위들의 호위를 받으며 서 있는 조학주다.
고양이 앞에 쥐처럼 대답도 못한 채 고개를 조아리는 서비.
조학주, 눈짓 주면 내금위 1, 다가와 서비의 손에 있던 생사초를 뺏어
조학주에게 바친다. 조학주, 생사초를 보다가

조학주　이 풀이 무엇인지 아느냐?

서비　(어찌할 바를 모르고 대답 못하는)

내금위 1 어서 대답하거라.

범팔 (서비 눈치 보다가 대신 대답해주는) 죽은 자를 되살린다는 생사초라는 풀이옵니다. 그 풀 때문에 이 역병이 시작됐습니다.

내금위들 멈칫해서 바라보고 조학주의 눈빛도 서서히 가라앉는다.

조학주 ..그걸 어찌 알았느냐?

범팔 저도 이 의녀에게 전해들어 알았습니다.
(서비 치며) 어찌 알았는지 말씀 올리거라.

서비, 고개 들어 조학주의 눈빛을 본다. 다시 고개 조아리고 머뭇거리는데.. 천천히 서비에게 다가오는 조학주.

조학주 이 생사초라는 풀로 붕어하신 전하를 되살렸다.
그것이 이 역병의 시작이었다...
이승희의원이 그리 말하더냐?

범팔, 소스라치게 놀라며

범팔 그게 무슨 말씀입니까? 전하께서 붕어하시다뇨.

조학주, 대답 없이 서비만을 바라본다.
바들바들 떨다가 조학주 앞에 무릎을 꿇는 서비.

서비 살려 주십시오. 전 그저 스승님이 병상일지에 적어놓으신 것 보고 그 풀을 찾았을 뿐입니다.

조학주, 그런 서비를 내려다보다가

조학주　병상일지를 보았다.. 그럼 그것도 알고 있느냐?
죽은 이를 되살리는 방법 말이다..

서비, 고개 숙이고 떨다가 천천히 고개 들어

서비　...생사초를 짓이긴 뒤 침에 묻혀 인당혈에 1푼의 깊이로 꽂으면 한 시진 뒤 죽은 시신이 살아난다.. 그리 적혀있었습니다.

조학주, 그런 서비를 보다가 내금위 1에게

조학주　한양으로 올라갈 때, 저 아이도 데려갈 것이다. 채비를 하거라.
내금위 1　(고개 숙이며) 알겠습니다.
범팔　(한양 얘기에 반색하며) 한양에 갑니까? 언제 갑니까?

멀어지던 조학주, 멈춰 서서 돌아보는데 눈빛이 차갑다.

조학주　한 가지 할 일이 남았다. 꼭.. 끝내야 할 일이지.
그 일을 끝낸 뒤 한양으로 가 새로 태어날 왕자아기씨를 맞을 것이다.

29 N, 안현의 집, 서재

서재에 모여 있는 창, 안현, 무영, 상주 군관 1, 2.

안현 (창을 보며) 지금.. 뭐라 하셨습니까?

창, 담담한 눈빛으로 입을 연다.

창 문경새재로 갈 것입니다.

다들, 멈칫해서 바라보는..

상주 군관 1 저 밖의 괴물들을 뚫고 문경새재로 어찌 가시겠다는 것입니까?

모두의 시선, 창에게 쏠리는데..

30 N, 안현의 집, 창의 처소 안

검은 야행복으로 갈아입는 창.

그때 문 열리며 들어서는 역시 야행복 차림의 무영이다.

무영 전.. 끝까지 저하와 함께하겠습니다. 허락해 주십시오.

그런 무영을 가만히 바라보는 창.

31 N, 상주읍성 밖, 북천 인근 수로 입구

수로 밖 '크르르' 기괴한 움직임과 함께 오가고 있는 열몇 정도의 괴물들.
순간 뭔가 낌새를 챈 듯, '크아아' 상주읍성 성벽 쪽을 향해 달려간다.

32 N, 상주읍성 성벽 외곽

성벽 위쪽에서 내려오고 있는 여러 개의 줄사다리.
각 줄사다리마다 가노들 한 명씩이 매달려 있다.
'크아아악' 더욱 크게 포효하며 성벽으로 달려드는 괴물들.
가노들, 그런 괴물들을 보다가 소도로 자신의 팔에 검상을 입힌다.
팔과 손을 타고 흐르는 피, 똑똑 바닥을 향해 흐르기 시작하는데..
피 냄새에 더욱 격렬하게 반응하며 성벽 쪽으로 몰리는 괴물들.
그런 모습 위로 창의 소리.

창 (소리) 역병 환자들은 인육과 피냄새에 반응합니다.
그 점을 이용하면 잠시의 시간을 벌 수 있습니다.

33 N, 수로 안 / 입구

괴물들이 사라지자, 수로 안 어둠 속에서 긴장한 눈빛으로 나타나는 창 일행. 가장 먼저 앞서서 수로 밖 괴물들이 사라진 것을 확인하는 무영, 손짓하면 앞으로 다가오는 사람들.

안현, 수로 문에 고개를 떨군 채 처참히 숨져 있는 덕성에게 다가와 잠시 본 뒤, 사슬과 함께 배를 찌른 검과 목에 박힌 검을 뽑는다.

그제서야 툭 뒤로 쓰러지는 덕성.

문을 열고 밖으로 나가 시신을 수로 문 안으로 옮기고 덕성의 눈을 감겨주는 안현과 가노들.

모두 수로 밖으로 빠져나온 뒤, 땅에 떨어져 있던 열쇠로 쇠사슬을 고정시켜 문을 잠근 뒤 북천을 향해 달리기 시작한다.

34 N, 안현의 서재

탁자 위에 펼쳐진 상주 인근을 그린 지도를 가리키며 얘기하는 창.

창 수로 입구에서 북천까지는 지척입니다.
괴물들은 물을 무서워하니 강을 건너고 다리만 봉쇄하면 그들에게서 벗어날 수 있을 겁니다.

창의 얘기를 듣던 상주 군관 1.

상주 군관 1 북천을 건넌다 해도 문경새재를 뚫기는 쉽지 않을 겁니다.
게다가 중앙군이 지키고 있을 꺼에요.

사람들, 창을 바라보는데..창, 안현을 바라보며

창 궐에 있을 때 보고받은 바로 3년 전 전란 때문에 중앙군의 숫자는 거의 10분의 1로 줄었습니다. 한양에 상주하는 정예병력만 오천 정도죠. 아무리 조학주라 해도 그 병력을 모두 출동시키기에는 부담이 컸을겁니다. 아무리 많이 차출했다 해도 절반인 이천오백.

지방군 제도 역시 유명무실하니 오로지 그 병력만으로 경상땅의 모든 관문을 지켜내야 합니다.

안현, 창의 얘기를 듣다가 눈빛 반짝한다.

안현　경상땅의 모든 관문들을 지키기에는 적은 숫자로군요.

창　맞습니다. 모든 관문들로 흩어졌다면.. 아무리 요지라 해도 새재를 지키는 인원은 많아봐야 오백입니다.

안현　오백의 인원으로 문경새재의 모든 성벽을 지킬 수는 없습니다. 외부로부터 침입이 용이한 성문, 협문, 암문에 수비 병력이 집중돼 있을겁니다.

안현, 서고에서 상주 인근 지도를 꺼내 펼친다.
지도 위로 죽 이어져 있는 문경새재의 성벽을 가리키며

안현　관문 남서쪽은 성벽이 높아 지세만으로 방비가 가능한 곳입니다. 그쪽 지역은 경계가 허술할 가능성이 큽니다.

안현이 가리킨 성벽 부분을 바라보는 창을 포함한 사람들의 눈빛, 희망이 보인다.

35　N, 북천 인근 들판

산길을 빠져나와 북천을 향해 질주하는 창 일행의 모습 위로 안현의 소리

안현(소리)　그래서.. 계획대로 문경새재로 가시면 어찌할 생각이십니까?

36　N, 안현의 서재

서재에 모인 모두가 창만을 바라본다.

그런 사람들을 바라보던 창, 천천히 입을 연다.

창　...조학주를.. 죽일겁니다.

37　N, 문경새재 안, 전각

적막만이 흐르는 전각 안.

황촛불을 바라보며 생각에 잠겨있는 조학주의 모습 위로

창(소리)　가난과 굶주림을 외면하였으며

가져선 안될 것을 탐한 자.

38　N, 상주읍성 밖, 북천 인근 들판

북천을 향해 달리고 있는 창, 안현, 무영, 영신을 비롯한 소수의 가노들.
그들 중 창의 모습 위로

창(소리)　조학주를 단죄하고 내 자리로 돌아가
처참한 굶주림과 역병에서 백성들을 구할 것입니다.
반드시 살아남아.. 새 세상을 열것입니다.

북천을 향해 문경새재를 향해 조학주를 향해 검을 뽑으며
검은 들판을 달리는 창의 모습에서...

1부 끝

KINGDOM 2

2부

KINGDOM 2

1　N, 문경새재 안, 중앙군 진지, 서비 막사 안

파란 달빛이 스며들어오는 어둡고 허름한 막사 안.

침상에 누워 있는 서비, 생사초를 답답한 눈빛으로 가만히 바라보고 있다.

아무리 살펴봐도 답이 나오지 않는 듯 깊은 한숨을 내쉬는데

순간 막사 밖에서 들려오는 '크르르' 낮은 괴물의 울음소리.

소스라치게 놀라 밖을 보면 광목천 너머 막사 옆으로 빠르게 지나가는 한 무리의 그림자.

떨리는 눈빛으로 막사 문을 열고 밖을 보면 막사들을 돌아 사라지는 커다란 상자를 든 내금위들의 뒷모습.

서비, 잘못 들었나? 갸웃하다가.. 불안한 눈빛으로 막사 너머로 사라진

내금위들의 뒤를 쫓기 시작한다.

2 N, 문경새재 남서쪽 성벽 위

어둠에 휩싸인 깎아지른 듯 높은 성벽 위.

스산한 바람만이 불어오는데.. 성벽 아래에서 날아오는 밧줄이 연결된 갈고리들. 뒤이어 갈고리에 연결된 밧줄을 타고 은밀하게 성벽 위로 올라서는 영신을 비롯한 가노들.

저 멀리 떨어진 성벽을 바라보면, 역시 밧줄을 타고 올라서는 창, 안현, 무영이다.

성벽 위에서 바라보면 저 멀리 1관문 공터에 지어진 막사들과 그 주변을 순찰 중인 중앙군들. 그 중앙에 가장 삼엄한 경계 속에 위치한 대장기가 꽂혀진 전각을 바라보는 창 일행.

3 N, 모처

어두운 실내, 타오르는 황촛불 아래 생각에 잠겨 있는 조학주.

4 N, 문경새재 안, 진지 일각

여기저기 설치된 횃불들 사이 진지 안을 경계 중인 중앙군들.

그때, 어디선가 날아온 소도가 중앙군 1의 미간에 적중하며 쓰러진다.

놀라 그 모습을 보는 중앙군 2도 날아든 화살에 당하고..

조금 떨어진 곳에서 번을 서던 중앙군 3, 4 놀라 그 모습을 보고 다급히 품에서 피리를 꺼내 '삐이이익' 불다가 막사 중간에서 뛰어나와 덮치는 영신과 가노들에게 당한다.

그러나 이미 침입을 감지한 진지 여기저기서 들려오는 피리 소리들과 함께 진지 안쪽으로 이동하며 병사들을 습격하는 영신, 가노 일행을 향해 빠르게 다가오는 중앙군들.

부감으로 보여지면 전각 쪽에서 멀어지며 중앙군들을 유인하는 영신, 가노 일행들 덕분에 전각을 향한 길이 뚫리기 시작한다.

어둠 속에 있던 창, 안현, 무영을 비롯한 나머지 가노들.

그 길을 따라 전각을 향해 뛰기 시작한다.

덧문들이 모두 내려진 고요한 조학주의 전각을 비추는 화면.

5 N, 진지 일각, 전각 주변

−진지 일각, 중앙군들과 격투를 벌이며 유인하고 있는 영신과 가노들.

−멀리서 들려오는 격투 소리를 들으며 막사 사이로 엄폐하며 앞으로 전진하는 창과 안현, 무영을 비롯한 가노들.

전각 앞에 도착해 전각을 지키던 스무 명가량의 중앙군과 맞붙는다.

−진지 일각, 중앙군들과 몸싸움을 벌이고 있는 영신과 가노들.

그런데 뒤를 따라붙는 중앙군들의 숫자가 너무 적다.

그런 중앙군들을 불길하게 바라보는 영신.

영신　(주변 가노들에게) 이상해요. 너무 숫자가 적습니다.

멈칫해서 서로를 바라보는 영신과 가노들.

영신　저하께 가봐야겠습니다.

6 N, 전각 뒤편, 창고 안

내금위들의 뒤를 쫓아 전각 뒤편 후미진 길 쪽으로 접어든 서비.
전각 저 너머에서 들려오는 격투 소리에 놀라 그쪽으로 걸어가려다가
어두운 전각 뒤편 한쪽에 놓여있는 상자를 발견하고 멈칫한다.
내금위들이 들고 가던 바로 그 나무 상자다.

7 N, 전각 마당

안현, 무영과 가노들이 중앙군들과 싸우는 동안,
창, 전각 문 쪽으로 다가서고 그 앞을 가로막는 중앙군 두어 명을 베어
버린 뒤 전각 문을 '쾅' 열고 안으로 들어선다.

8 N, 전각 뒤편, 창고 안

서비, 긴장한 눈빛으로 상자로 다가가는데 상자 뚜껑이 살짝 열려져 있다.

천천히 뚜껑을 열어보는데 텅 비어 있는 상자 안. 왠지 더욱 불길함이 느껴지는 서비의 눈빛.

9 N, 전각 안

어두운 전각 안쪽으로 한걸음 들어서는 창.

여기저기 타오르는 횃불의 너울거리는 불빛 사이로 조학주의 모습을 찾는데..

순간, 전각 가장 안쪽에서 낮게 들려오는 '크르르' 짐승의 울음소리.

창, 멈칫해서 그쪽을 바라본다.

10 N, 전각 마당

문밖에서 중앙군들을 처치해나가는 안현과 무영, 가노들.

그때 달려와 안현 무리와 합류하는 영신 일행.

영신, 격투를 벌이며 안현에게 다가와

영신 아무래도 이상합니다.

안현, 멈칫해서 그런 영신을 보는 순간,

'화르륵' 여기저기 켜지는 횃대의 불빛들로 환하게 밝혀지는 사위.

놀라서 주변을 바라보는 안현, 영신.

무영은 마치 이런 상황을 직감한 듯 눈빛, 어두워지는데..

그런 안현 일행을 몇 겹으로 포위하듯 서서 활시위에 활을 메긴 궁수들과 조총을 겨눈 조총부대, 검을 든 살수들 등 엄청난 숫자의 중앙군들이 에워싸고... 그들 사이로 걸어 나오는 차가운 눈빛의 조학주.
그 뒤쪽에는 어찌할 바를 모르고 조학주의 눈치를 보며 범팔, 따르고..
전각 쪽과 일행 사이를 가로막듯 에워싼 중앙군들 뒤쪽으로 나타난 내금위1,
전각의 문을 걸어 잠근다.

11 N, 전각 안

창, 문을 걸어 잠그는 달칵 소리에 놀라 뒤돌아보는데
다시 반대편, 전각 안쪽에서 한 번 더 들려오는 또렷한 괴물의 울음소리에 긴장한 눈빛으로 그쪽을 바라본다.
소리가 들려온 전각 안쪽에서 '쿵쾅쿵쾅' 창을 향해 달려드는 누군가..
붉은 곤룡포의 괴물.. 창의 아비다.
놀라서 얼어붙은 눈빛으로 아버지를 바라보는 창.
삽시간에 달려와 피 묻은 이빨로 창을 물려 달려드는 왕.
창, 바닥에 넘어진 채, 필사적으로 아버지를 밀어내며 공격을 막아보려 애쓴다. 코앞에 괴물로 변한 아버지가 있다.
자신의 피와 살을 탐하는 아버지를 떨리는 눈빛으로 바라보는 창.

12 N, 전각 마당

당황한 눈빛으로 조학주를 바라보는 안현.

안현 저하께 무슨 짓을 꾸민 것이오?!

조학주 대역죄를 지은 죄인에게 저하라니요.

안현 대역죄를 지은 것은 저하가 아니라 바로 당신이오.

조학주 (눈빛 차가워지는) 누가 대역죄인인지는 전하께서 밝혀주실 것이오.

안현 (멈칫하는)

조학주 (전각을 바라보며) 대역죄인의 죄를 직접 처단하기 위해 저 안에 친히 전하께서 왕림해 계십니다.

안현, 놀라서 전각 쪽을 바라본다.

안현 안돼.. 안돼.

안현, 전각 쪽으로 다가서려 하는데 그 앞을 가로막는 몇 겹의 중앙군들과 검을 빼 든 훈련대장 이강윤.
뒤늦게 전각 뒤편에서 뛰어나온 서비, 놀라서 그 모습을 바라본다.

13 N, 전각 안

부들부들 떨리는 손으로 왕을 겨우 막고 있던 창,
겨우 왕을 '쾅' 밀어내고는 문으로 달려가 열어보지만, 꽉 닫혀 있는 문.

다른 창문 쪽으로 가 열어보려 하지만, 모든 문이 꽉 닫혀 있다.

창에게 밀려 뒤로 나뒹굴 듯 넘어진 왕, 기이한 동작으로 일어나 또다시 괴성을 지르며 창에게 달려드는데

전각 안의 책장을 앞으로 무너뜨리며 왕의 진로를 막는 창.

그러나 책장을 밀어내며 또다시 창을 향해 달려오는 왕.

검을 쥔 창의 손 부들부들 떨려온다.

14 N, 전각 마당

전각 안에서 들려오는 '쾅''쾅' 소음. 더욱 차가워지는 조학주의 눈빛.

15 N, 전각 안

자신을 향해 달려오는 왕을 바라보다가 검을 잡은 손에 힘을 주는 창.

왕의 머리를 베어버리려는 듯 '으아악' 고함과 함께 검으로 베려 하지만 차마 그리할 수 없는 듯 뒤쪽으로 물러나다가 벽에 부딪치고,

그런 창의 목을 물려는 왕. 창, 그런 아버지를 겨우 막는다.

괴물로 변한 아버지를 바라보는 창의 눈가 붉게 충혈되기 시작한다.

–인서트

1부 28씬, 인서트에 이어지는..

후원 저수지, 대례복을 걸친 세자와 눈을 마주치는 슬픈 눈빛의 왕

왕 내가 사랑하는 자들은 모두 죽거나 내쳐졌다.
그러니 앞으로 다시는 널 보러 오지 않을 것이다.
허나 기억해라. 넌 내 유일한 아들이며 가장 소중한 사람이다.

–다시 현재, 전각 안으로 돌아오면 사납게 창의 피를 탐하는 왕.
창, 안타깝고 슬픈 눈빛으로 아버지를 바라보며

창 아바마마.. 창입니다.

–인서트
궁궐 후원, 어린 창을 바라보는 왕.

왕 그러니 꼭 살아 남거라. 그래서 너는 저들과 다르다는 것을..
나와도 다르다는 것을.. 진정한 왕이 무엇인지를 꼭 보여 주거라.

–다시 현재, 전각 안으로 돌아오면

창 아바마마!! 소자 창입니다! 그러니.. 제발 그만하십시오.

그러나 이성을 잃은 왕의 귀에는 창의 목소리가 들리지 않는다.

16 N, 전각 마당

안타까운 눈빛으로 전각을 바라보는 안현.

결심한 듯 굳은 눈빛으로 한 발자국 앞으로 나서는데,

그런 안현의 앞을 가로막는 이강윤.

안현 비켜라.

이강윤 (존경의 빛이 역력한) 대감마님. 이러시면 대감께서 다치십니다.

안현 비켜라! 누구건 내 앞을 가로막는 자는 용서치 않겠다.

한 발자국 더욱 앞으로 나서는 안현.

이강윤을 스치고 지나가는데, 이강윤, 그런 안현을 감히 막지 못한다.

멀리서 그 모습을 지켜보던 조학주, 눈빛 싸해지며

조학주 3년 전, 대감께선 경상땅의 수많은 백성들을 구하셨습니다.

안현 (멈칫하는)

조학주 그처럼 현명하시고 용맹한 대감께서 어찌 역적의 편에 서신 것입니까

안현 (조학주를 돌아본다)

조학주 사제의 연을 저버리지 못하신 대감의 뜻을 모르는 바 아니나 지금이라도 죄를 인정하신다면, 대감의 목숨만은 살려드리지요.

17 N, 전각 안

창의 피 냄새에 더욱 흉포해진 왕,

더욱 사납게 창의 목덜미를 공격한다.

창, 이제 더 이상 버틸 기력이 떨어진 듯 금방이라도 왕에게 물릴 듯한데..

18 N, 전각 마당 / 전각 안

안현, 차가운 분노의 눈빛으로 조학주를 보며

안현 당신 때문에.. 지난 3년 동안 난 지옥에서 살아왔소..

조학주 (멈칫해서 보는)

안현 또 다시 그때 처럼 당신에게 넘어가지 않을 것이오.

영신 가만히 안현을 바라본다.

안현, 이강윤과 병사들을 둘러보며

안현 전하께선.. 이미 붕어하셨다.

놀라서 안현을 바라보는 이강윤과 중앙군들.

안현 그런 전하를 권력을 지키려는 탐욕으로 조학주가 살려내 인육을 탐하는 괴물로 만든 것이다.
전하께선 이미 돌아가셨으니, 보위는 국법에 따라 세자저하의 것이다.

중앙군들, 안현의 말에 동요하기 시작하는데..

안현 그러니 비키거라! 난 저하를 지키러 갈 것이다!

중앙군들을 밀치면서 빠르게 전각을 향해 다가가는 안현.

조학주, 분노한 차가운 목소리로 자신의 옆에 선 조총부대원에게

조학주 뭣들 하느냐. 쏴라!!

조총부대들, 그러나 안현을 겨누기만 할 뿐 쉽사리 방아쇠를 당기지 못한다. 그런 사이, 전각 문을 향해 더욱 다가가는 안현.
조학주, 옆에 선 살수의 검을 뺏어 들고, 가장 가까운 조총부대를 베어버린다. 피를 뿜으며 쓰러지는 조총부대원 1.
조학주, 그 옆의 조총부대원 2에게

조학주 쏘지 않는다면 너도 벨 것이다.

부들부들 떠는 조총부대원 2.
그 사이 전각 문 앞에 당도한 안현. 걸쇠를 열려는데..

조학주 (더욱 강하게) 쏴라!!

순간, '탕' 어두운 밤하늘에 울리는 총소리.
걸쇠를 잡은 안현의 가슴팍, 붉게 물들기 시작한다.
놀라서 '대감마님!' 외치며 달려가려는 가노들, 그러나 중앙군들에 의해 막히고..
첫 번째 총소리가 신호라도 된 듯, '탕''탕''탕''탕' 발사하는 조총부대원들.
날아온 총알에 명중되며 온몸이 붉은 피범벅이 되는 안현.
부들부들 떨리는 몸, 꺾이는 무릎. 그러나 죽음이 임박해서도 창에 대한 마음이 앞서는 듯 떨리는 손으로 걸쇠를 열고 전각 문을 열어젖히는데..

달빛에 비춰진 어두운 전각 안에서 데굴데굴 굴러 전각 밖으로 떨어지는 무언가.. 죽은 왕의 잘린 목이다.
놀라서 그런 모습을 바라보는 사람들.
멀리서 이 모습을 지켜보던 서비, 충격에 휩싸여 벌벌 떨려오고,
조학주의 입가에는 사악한 미소가 그려진다.
죽은 왕의 목을 바라보던 안현, 흐릿해지는 눈빛으로 전각 안을 바라보면, 피 묻은 검을 들고 있는 창.
'챙그랑' 검을 바닥에 떨어뜨리고 바닥으로 서서히 무너지는 창의 몸.

창 (거의 제정신이 아닌) 제가... 제가.. 아바마마를.. 아바마마를.. 베었습니다..

그런 창을 안타깝게 바라보는 안현, 마지막 기력을 쥐어짜,
창의 앞까지 기어간다.

안현 저하의 잘못이.. 아닙니다..

안현, 천천히 창의 손을 붙잡는다.

안현 저하.. 저하께선.. 이 나라의 왕이십니다..
창 (떨리는 눈빛으로 안현을 보는)
안현 ..상주의 백성들을.. 기억하십시오..
그들을.. 살리시려면.. 강해지셔야 합니다..

창을 바라보는 붉게 충혈된 안현의 눈빛.

창, 그런 안현을 가만히 바라보는데...

–전각 밖, 조총부대원들과 있던 조학주, 천천히 걸어 전각 앞쪽으로 내려와 전각 안을 본다.
제정신이 아닌 듯 떨리는 눈빛으로 주저앉은 창과 그 앞에 피투성이가 되어 숨진 안현을 확인하고..
바닥에 떨어진 왕의 머리를 소매 춤에서 꺼낸 비단 천으로 감싸 안은 뒤

조학주 중앙군은 전하를 시해한 대역죄인과 그 무리들을 포박하라!!

정신이 빠진 듯 서 있던 중앙군들, 조학주의 명에 하나둘씩 정신이 난 듯 통곡하는 가노들, 굳은 얼굴의 영신, 문 앞에 멍하니 서 있는 무영을 포박하고, 조학주의 뒤에 서 있던 내금위들, 전각 안으로 들어가 넋이 빠져 멍한 창을 포박한다.
멀리서 그런 창을 안타깝게 바라보는 서비.
창의 시선, 잠시 그런 서비에게 멈췄다가 다시 떨구어진다.
조학주, 이강윤에게 명령한다.

조학주 전하의 시신을 예를 갖춰 수습한 뒤 한양과 각지에 파발을 보내 조기를 올리고 장례를 치를 준비를 하라 이르게.
또한 전하를 시해한 대역죄인 이창과 그 무리들은 한양으로 끌고가 참수할 것이다

모든 목적을 이루고 미소짓는 조학주와
모든 것을 잃고 힘없이 포박당하는 창의 모습에서 서서히 암전.

19 N, 한양, 어영청 외경

경비를 서는 어영청 군사들로 둘러싸인 어영청 건물.

20 N, 어영청 집무실 안

탁자를 사이에 둔 채 마주 앉아 이야기 하고 있는 민치록과 병판.

병판 진정 중전마마의 사가를 조사하겠단 것인가?

민치록 그 여인의 시신이 발견된 개천가부터 내선재까지 길목 곳곳에 핏자국이 발견됐습니다. 그 여인은 내선재에서 탈출한 것이 확실합니다. 게다가 더 많은 이가 그곳에 잡혀 있다 했습니다.
내선재를 조사해야 합니다.

병판, 어두운 눈빛으로 민치록을 보다가

병판 이건 해원조씨 가문과 관련된 일일세.
그 위세를 이겨낼 수 있겠는가?

민치록 대감의 말씀처럼 해원조씨는 이 나라를 이끄는 명문세가입니다. 그런 곳에서 흉사가 벌어졌다면 더더욱 그 진상을 명명백백 알아내야 하지 않겠습니까?

결심이 선 듯 굳은 눈빛의 민치록을 바라보는 병판.

21 N, 북문 밖 소로 일각

산으로 이어지는 소로 일각.

오가는 행인들 사이 세 채의 가마를 나란히 끌고 가는 가마꾼들과 하인들의 모습 언뜻 보여지는데.. 그때 들려오는 말발굽 소리.

급급히 양옆으로 몸을 피해 길을 터주는 행인들.

그 사이를 빠르게 지나치는 말에 올라탄 민치록을 비롯한 상급 군관들.

22 N, 내선재, 문 앞

'쾅쾅쾅' 문을 두드리는 소리에 하나둘씩 굳은 눈빛으로 걸어 나오는 하인들.

그 사이에 보이는 산파의 모습.

산파, 애써 침착한 눈빛으로 빗장을 풀어 문을 열자,

들이닥치는 민치록을 비롯한 군관들.

민치록 이곳에서 살인이 있었다는 고변이 들어왔다. 안을 수색할 것이니 모두 명에 따르거라

일사불란하게 건물로 들어서 수색하는 군관들.

행랑채, 대청, 창고 등 건물 곳곳을 들추고 살피며 수색하는 어영청 군사들.

민치록 역시 어영청 군관 1을 대동하고 내선재 마당에서 벗어나 주변을 예리한 눈빛으로 둘러보기 시작하는데 산파, 다가가 공손하게 인사하며

산파 이곳은 존귀하신 중전마마의 사가이옵니다.
기거하는 모든 이들이 혹 마마께 누가 될까 항상 조심히 지내고 있는데 어찌 그와 같이 끔찍한 일이 벌어졌겠습니까.

민치록, 이동하다가 우뚝 멈춰 선다.
담 너머 정적에 휩싸인 별채를 바라보며

민치록 저곳에는 누가 기거하느냐?

산파의 눈빛, 긴장감으로 굳어진다.

산파 손님들이 쓰시는 별채인데, 오랫동안 비어 있었습니다.

민치록, 산파의 설명을 듣고는 바로 어영 군관 2와 함께 별채로 향한다.
그런 민치록의 뒷모습을 바라보는 산파의 굳은 눈빛.

23 N, 별채 안 복도 / 방 안

복도로 들어서는 어영 군관 2과 산파, 그 뒤를 따르는 민치록.
드르륵, 임산부들이 사용하던 방문을 열어젖히는데,
임산부들과 김씨 부인은 보이지 않고, 깔끔하게 정리되어 있다.
이곳저곳을 살펴보던 어영 군관 2, 수상한 점이 발견되지 않은 듯 민치록을 보며 고개 젓는다.

24 N, 별채, 또 다른 방 안

임산부 1이 아기를 낳던 방 안으로 들어서는 민치록과 군관 2와 산파.
임산부들이 있던 방과 마찬가지로 깔끔하게 정리되어 있다.
이곳저곳을 살피는 군관 2, 역시 수상한 점을 발견하지 못한 듯 민치록을 바라보며 고개 가로젓는다.
민치록의 등 뒤에 서 있던 산파의 입가에 엷은 미소가 지어지고..
민치록, 군관 2와 방을 나가려다가 뭔가를 발견한 듯 멈춰 선다.
나무 문틀과 장판지 사이 작게 보이는 검은 얼룩이다.
손으로 장판지를 들어보면 문지방 틈 사이에 말라붙은 검은 얼룩이 더욱 확연히 보이고... 산파, 긴장하여 급격히 얼굴이 굳는데..
그때 다급히 달려와 보고하는 또 다른 어영청 군관 1.

어영청 군관 1 영감! 보셔야 할 것이 있습니다.

산파, 불길한 예감에 더욱 눈빛이 흔들리는데..

25 N, 내선재 후원

별채 뒤쪽 낮은 담장 너머 만들어진 작은 후원.
사철나무의 뿌리 쪽 흙을 한 줌 집어 드는 손, 민치록이다.
뒤에서 그런 민치록을 바라보는 군관 1.

어영청 군관 1 한겨울이라 주변 땅은 모두 얼었는데,

이곳의 흙만 부드러웠습니다.

후원 흙을 다시 둘러보는 민치록. 붉고 고운 흙이 다져진 위로 사철나무의 나뭇가지와 이파리들이 흩뿌려져 있다.

어영청 군관 1 무언가를 묻었다가 꺼낸 흔적으로 보입니다.

생각에 잠기는 민치록, 순간 뭔가가 떠올랐는지 급격히 눈빛이 흔들린다.

26 N, 도성 외곽 산길 일각

인적 없는 산길을 걷고 있는 21씬의 가마꾼들과 하인들.
가장 앞서 걷고 있는 하인의 눈빛에 긴장한 기색이 역력한데..
순간, 산길 앞쪽에서 하나둘씩 나타나는 어영청 군사들.
하인, 놀라 당황한 눈빛으로 주변을 둘러보는데,
어느새 주변을 포위한 듯 양옆과 뒤쪽에서도 다가오고 있는 어영청 군사들과 민치록이다.
하인, 긴장한 기색을 최대한 감추며

하인 무슨 일이십니까?

민치록, 대답 없이 천천히 다가와 세 채의 가마를 바라본다.
그 모습에 하인 더욱 긴장하는 눈빛.
민치록과 가마 사이를 가로막듯 다가가 호패를 내밀며

하인 　성내골 정부인 마님과 따님들이십니다. 함안사에서 불사를 올리고 돌아가는 길입니다.

민치록, 천천히 고개 돌려 하인을 보며

민치록 　여염집 여인들의 행차에 왜 여종이 한 명도 보이지 않는 것이냐?

하인 　(멈칫하며) 그..그것이..

민치록 당황하는 하인을 보다가

민치록 　가마 문을 열어라.

급격하게 흔들리는 하인.

가마로 다가서는 군사들을 필사적으로 막아서는 하인.

하인 　아니 됩니다! 어찌 마님을 외간남자에게 함부로 보입니까!

순간, 하인의 목덜미에 느껴지는 서늘한 칼날.

차가운 얼굴의 민치록이다.

민치록 　비켜 서거라

하인, 민치록의 칼날에 결국 모든 것을 포기한 듯 눈을 질끈 감고..

그 사이 가마 문을 열어젖힌 군사들..

순간 무얼 보았는지 '헉' 숨을 들이킨다.

민치록, 가마 안을 보는데 좁은 가마 안에는 마구잡이로 구겨 넣어진 온몸에 흙이 묻은 검푸르게 변한 임산부 1의 시신이 있다.
민치록, 놀라 그 모습을 보다가 다급히 뒤쪽 가마의 문들도 열어젖히는데, 그 안에도 역시 흙투성이의 임산부들의 시신이 있다.
시신을 확인한 군사들과 민치록의 눈빛, 충격으로 흔들리는데..

27 N, 중궁전, 침소

일렁이는 촛불의 불빛에 음영이 진 계비의 굳은 얼굴.
그 앞에는 초조한 눈빛의 중궁전 상궁이 엎드려 있다.
분노로 떨려오는 계비의 눈빛

계비 ..하찮은 무관 따위가..감히 내선재를 건드렸단 말이냐...

그때 복도 멀리서부터 다다다다 들려오는 발소리. 이내 문밖에서 내시의 다급한 목소리가 들린다.

상선(소리) 소인 상선입니다!

문이 열리고 다급히 들어서는 상선, 참혹한 낯빛으로 오열하듯 '마마!' 외치며 바닥에 머리를 조아린다.

28 N, 어영청, 창고 안

어영청 군사들의 감시하에 어영청 안으로 들어서는 포박된 하인과 가마꾼들, 내선재의 하인들과 불안한 눈빛의 산파.
그 뒤로는 거적에 덮인 채 들것에 실려 옮겨지는 시신들.
집무실에서 다급히 나온 병판, 그 광경을 보고 충격으로 멈춰 서는..

병판 ..이것이 모두 내선재에서 발견된 것인가?
민치록 예. 임부 셋과 갓난아이들의 시신입니다.

옮겨지는 시신들을 바라보는 병판과 민치록.

민치록 임부들은 모두 칼에 맞았는데 아이들의 사인이 미심쩍습니다.
계집아이들은 모두 목이 졸려 죽었지만 사내아이만은 손을 쓴 흔적이 없었어요. 이미 죽어 태어난 사산아였습니다..
병판 ..어찌..어찌.. 이런 일이..

민치록, 굳은 눈빛으로 병판에게 다가와 낮은 목소리로

민치록 ...그런데.. 이상하지 않으십니까?
병판 ..(보는)
민치록 왜 갓 태어난 여아들은 죽이고 사내아이는 그리하지 않았을까요..
병판 (멈칫해 보는) ..자네.. 무슨 말이 하고 싶은 것인가?
민치록 누가 이런 일을 저질렀는지 모르지만, 범인이 원한 건...
사내아이였던 것 같습니다.

민치록과 병판, 설마 하는.. 그러나 불길한 예감이 감도는 눈빛으로 서로를 바라보는데..

그때 불현듯 멀리서 울려 퍼지는 굵고 낮은 나팔 소리..

병판과 민치록, 순간 멈칫한다.

민치록 ..이 소리는..

떨리는 눈빛으로 소리가 들려오는 쪽을 바라보는 병판.

민치록과 어영청의 군사들도 하나둘씩 믿기지 않는 눈빛으로 바라보는데..

병판 ...천아성....전하께서..붕어하셨네..

민치록과 병판의 눈빛이 충격과 불안함에 흔들린다.

29 N, 궁궐 정전

관복을 갖춰 입은 채 다급한 걸음으로 정전으로 들어서는 병판과 민치록.

정전 안의 광경에 순간, 멈칫한다.

혼란스러운 눈빛의 대신들 넋이 빠진 얼굴로 어딘가를 바라보고 있고..

그 가장 앞쪽에는 무릎을 꿇고 있는 파발 군사.

그 옆쪽으로 충격에 휩싸인 좌의정, 파발에게 건네받은 문서를 들고 있다.

병판, 앞으로 걸어가며

병판　어찌 된 것입니까?

좌의정, 힘없이 문서를 병판에게 건네며

좌의정　..조령의 영상대감께서 보내신.. 파발일세..

파발을 건네받고 떨리는 눈빛으로 읽어 내려가는 병판의 모습에서

–인서트
밤, 새재 내 방안에서 황촛불 아래 파발 문서를 써 내려가는 조학주의 모습 위로

조학주(소리) 경상 땅에 퍼진 역병을 다스리고 대역죄인 창을 엄단하기 위해 와병으로 혼미하신 와중에도 전하께서 친히 조령으로 납시었다.

–정전으로 돌아오면 혼란과 충격에 빠진 대신들과 민치록의 모습 위로

조학주(소리) 경상 땅의 역병은 새재에서 막았으나, 혼란을 틈타 왕위를 노린 간악한 창의 무리가 급습하였고, 전하의 목을... 창이 직접 참하였다.

대신들 하나둘씩, '전하!!' 외치며 무릎을 꿇고 통곡하기 시작한다.
떨리는 눈빛으로 그런 대신들을 바라보던 좌의정, 무거운 목소리로

좌의정　계령을 선포하고.. 조기를 올리게.

30 D, 몽타주

–궁궐을 몇 겹으로 에워싸기 시작하는 삼엄한 눈빛의 군사들.

–궁궐에 올라가는 조기.
궁궐의 모든 상궁들과 내시들, 상복으로 갈아입고, 꿇어앉아 곡을 올리기 시작한다.

31 D, 빈청

빈청에 모여 앉은 상복으로 갈아입은 대신들.

좌의정 빈전도감은 예판이 제조를 맡으시고, 국장도감은 호판과 예판, 산릉도감은 공판이 책임져 주셔야겠습니다.
또한 장지까지 가는 길과 다리의 설치와 수리는 한성판윤께서 맡아주셔야겠습니다.

그때, 말없이 어두운 낯빛으로 앉아 있던 병판.

병판 장례보다 더 급한 일이 있지 않습니까?

일동, 병판을 바라본다.

병판 보위가 비었습니다. 한시라도 빨리 후사를 정해야 합니다.

좌의정 중전마마께서 수렴청정 중이지 않으십니까.
게다가 중전마마의 출산이 임박했습니다. 왕자아기씨가 탄생하시면, 자연스럽게 후사가 정해질 것입니다.

병판 왕자가 아니라면요?

좌의정을 비롯한 대신들, 서로 눈치를 본다.

병판 방계를 뒤져서라도 후사를 예비해야 합니다.
강화에 유배된 뒤 사사된 노성군의 자손들이 있습니다.

좌의정 노성군의 자손이라면 방계 중에 방계 아닙니까.
허수아비 왕을 세우잔 말씀이에요?

우의정 좌상의 말씀이 맞습니다. 보위는 적장자가 승계 받는 것이 원칙입니다. 중전마마의 출산을 기다려야 합니다.

그때, 문밖에서 들려오는 소리.

상선(소리) 소인, 상선입니다

소리와 함께 문 열리며 들어서는 상선.

좌의정 나라의 대사를 논하는데, 무슨 일인가?

상선 산실청에서 연통이 왔습니다.

모두의 시선, 상선에게 모여진다.

상선 중전마마께서 산통을 시작하셨다 하옵니다.

병판을 제외한 대신들의 낯빛에 기대감이 감돌기 시작한다.

우의정 이 나라에 흉한 소식만 있더니, 이제 길조가 시작되나 봅니다. 다 같이 왕자아기씨가 태어나시길 기다려 보십시다.

그러나 병판의 눈빛은 불안감으로 어두워진다.

32 D, 중궁전 마당

안으로 들어서는 어의와 어의녀. 뒤로 다시 굳게 닫히는 문. 밖에서 기다리고 있던 중궁전 상궁과 마주 선다.

중궁전 상궁 어서 오십시오. 마마께서 어의와 어의녀가 오시길 기다리고 계십니다.

중궁전 상궁과 눈빛 마주치는 어의와 어의녀. 서로를 바라보는 눈빛에서 모종의 약속이 있었음이 느껴진다.

어의 들어가세.

중궁전으로 향하는 사람들.

33 D, 중궁전 산실

산실에 쪽을 풀고 소복 차림으로 앉아 있는 계비.

홀로 들어서는 중궁전 상궁. 앞에 엎드려 인사하며

중궁전 상궁 어의께서 옆방에 들어계십니다.

계비, 말없이 중궁전 상궁을 바라보다가

계비 남은 임부들은 어찌됐느냐..

중궁전 상궁 말씀대로 잘 조치해 놓았습니다.

34 D, 궁궐 일각

으슥한 곳에서 민치록과 대화를 나누고 있는 병판.

민치록 내선재에 대한 조사를 강행하란 말씀입니까?

병판 강행하되 그 누구도 모르게 은밀하게 진행해야 할 것일세.

민치록 알겠습니다.

병판 중전마마의 출산이 끝나기 전에 반드시 밝혀내야 하네.

민치록을 바라보는 병판의 굳은 눈빛에서..

35 D, 문경새재 전각 마당 / 안

환하게 횃불을 켜놓고 엉망이 된 전각 안과 밖을 정리하고 있는 훈련도감의 병사들. 피 웅덩이도 깨끗하게 닦아지고 어느 정도 정리가 끝나가고 있다.

한쪽에서는 깨끗한 비단 천으로 감싼 목 잘린 왕의 시신을 고급스러워 보이는 황장목관에 조심스럽게 넣고

병사들, 관의 뚜껑을 덮고서 전각 앞에 대기하고 있던 수레 위에 올려놓는다.

이 모든 상황을 지켜보고 있는 이강윤.

이강윤 대행왕의 옥체시다. 조심해서 옮겨야 할 것이다.

인사를 한 뒤, 수레를 이동시키는 병사들.

그때, 전각 안 정리를 지휘하던 상급 군관 1, 이강윤에게 다가와

상급 군관 1 (굳은 눈빛으로) 안현 대감의 시신은 어찌할까요?

상급 군관의 말에 뒤를 바라보면 낡은 들것에 놓인 안현의 시신, 거적에 덮여 있다.

그런 안현의 시신을 어두운 눈빛으로 바라보던 이강윤.

이강윤 역적의 편에 서셨으나, 나라를 구한 의인이셨다.
염을 하고 예를 갖춰 매장해 드리거라

'예' 대답과 함께 목례한 뒤 멀어지는 상급 군관 1.

36 D, 문경새재 창고

좁은 창고 안, 그저 멍한 눈빛으로 포박된 채 앉아 있는 무영.

37 D, 문경새재 옥사 안

영신, 가노들 포박된 채 앉아 있는데..
안현의 죽음에 슬프고 원통해 하는 가노들 소리죽여 눈물을 흘리고 있고, 영신은 그저 어두운 얼굴이다. 그때, 가노들 중 가노 1, 붉게 충혈된 눈빛으로 앉아 있다가

가노 1 우리가 온다는 걸 알고 있었어..
누군가 우릴.. 함정에 빠뜨린 거야..
우리 안에.. 간자가 있었어..

가노 1, 분노와 절망감에 빠져 울먹이는데..
순간 들려오는 영신의 목소리.

영신 지금 누굴 의심할 때가 아닙니다.
가노 1 무슨 말이냐..
영신 나는 여기서 죽을 생각 없습니다.

아니.. 죽더라도 가족들의 복수를 끝내고 죽을 겁니다.
..당신들도 안현 대감의 복수를 원하는 것 아닙니까?

가노 1 (보다가) 대감마님의 복수만 할 수 있다면 무슨 짓이건 할 것이다.
무슨 방도라도 있는 것이냐?

영신 목숨을 내놓는다면 조학주 한 명은 데리고 갈 수 있을 겁니다.
..한양으로 길을 나서기 전.. 그때가 유일한 기회입니다

서로를 바라보는 일동.

38 D, 문경새재 진지 일각

또 다른 창고 건물 앞, 경비를 서고 있는 병사들.
그때 자박자박 들려오는 발소리.

경비 병사 누구냐!

보면, 약재를 담은 바구니를 든 서비다.

서비 잠시 저하의 용태를 살피라는 부사나으리의 명을 받고 왔습니다.

경비 병사 부사나으리께서 그리 말씀하셨단 말이냐?

서비, 바구니에서 백학패를 꺼내 보여주며

서비 예. 이 옥패를 보여주면 들여보내 줄 것이라 하셨습니다.

병사들, 어쩌지 서로 눈치를 보는데..

서비 한양까지 먼 길을 가실 텐데 혹여 상처라도 덧나 위중해지시면 큰일이니 살펴만 보고 오라 부사나으리께서 말씀하셨습니다.

경비 병사 (보다가) 문은 열어두고 들어가거라.

39 D, 문경새재 창고 건물 안

철컥 자물쇠 열리는 소리와 함께 조심스럽게 열리는 문.
서비, 건물 안으로 들어서다가 창을 발견하고 순간 멈칫한다.
어두컴컴한 건물 안, 벽에 기대어 멍하니 허공을 응시하고 있는 창을 안타깝게 바라보던 서비, 다가가 바구니를 옆에 내려놓으며 낮은 목소리로

서비 저하.. 괜찮으십니까?

그러나 아직도 충격에서 빠져나오지 못한 듯, 멍하기만 한 창, 대답이 없다.
서비, 그런 창을 안타깝게 보다가 약재들을 꺼내며

서비 한양까지 길이 고될 것입니다.
상처가 덧나지 않게 시료부터 하겠습니다.

창의 손과 팔에 난 상처들에 약을 바르고 붕대를 감는데
순간, 서비의 손을 잡는 창.

놀라서 고개 들어 창의 얼굴을 보는데, 창의 눈빛 아까와는 달리 침착하게 가라앉아 있다.
서비, 놀라서 그런 창을 바라보는데..
등진 서비의 몸에 가려져 병사들에게 보이지 않는 흙바닥에 서비의 손을 잡아 글자를 쓰기 시작하는 창.
한 글자, 한 글자 적혀질수록 서비의 눈빛이 놀람에 떨려온다.
그런 서비의 모습에서.. 서서히 암전.

40　　D, 문경새재 전경

화면 밝아지면 굽이굽이 이어지는 산 능선 사이로 떠오르는 눈부신 태양.

41　　D, 진지 막사 앞 공터

이른 아침, 공터 곳곳에서 바삐 움직이는 군사들.
말안장을 단단히 조여 매고, 창검과 조총 등 개인 무기들을 단단히 몸에 두르는 군사들. 조학주의 처소 앞에는 내금위들과 범팔, 가장 끝쪽에는 멍한 눈빛으로 서 있는 서비.

범팔　　(서비에게) 왜 그러느냐. 무슨 일이라도 있느냐?

그러나 대답 없이 두려운 눈빛으로 서 있는 서비.
왕의 시신을 실은 수레와 조학주가 타고 갈 좌거를 말에 연결하고,

창이 탈 함거까지 준비가 끝나자
조학주의 처소 앞으로 다가오는 이강윤.

이강윤 출발 준비가 모두 끝났습니다.

처소 문이 열리며 걸어 나오는 조학주.

조학주 죄인들을 끌고 오거라.

42 D, 문경새재 창고 건물 안

철컥, 자물쇠가 열리는 소리와 함께 벌컥 열리는 방문.
순식간에 외부의 환한 빛이 쏟아져 들어오며 어제와 똑같은 자세로 벽에 기대어 앉은 창을 비춘다.
건물 안으로 들어서는 내금위들.

43 D, 문경새재 옥사 안

덜컹, 옥사의 빗장이 빠지고 끼이익, 두꺼운 문이 열리면 옥사 안으로 들어서는 대여섯 명의 훈련도감 병사들.
옥사 안에 포박된 채 앉아 있는 가노들과 영신을 향해

옥사 병사 1 다들 일어나라.

하는데, 밤새 포박을 풀었던 듯 몸을 날리며 병사들을 공격하는 영신과 가노들. 불시에 공격을 받은 병사들, 검을 빼 들고 영신 일행을 공격하려 하지만, 죽음을 각오한 영신과 가노들의 기세가 매섭기만 하다.

44 D, 문경새재 옥사 밖 / 진지 일각

옥사 밖에 있다가 안의 소란을 들은 병사들, 안으로 들어가려는 순간, 쾅!! 문이 열리면서 뛰쳐나오는 가노들과 영신.
가노들, 병사들에게 뺏은 검을 들고 막사들을 지나 조학주 일행이 있는 공터를 향해 마구 전진한다.
그 와중에 영신, 훈련도감 병사 한 명을 쓰러뜨린 뒤 조총을 손에 넣는다.
다른 창고에서 끌려 나와 공터를 향해 걷고 있던 무영, 놀라 바라보고

45 D, 진지 막사 앞 공터

좌거 쪽으로 걸어가던 조학주와 그 옆의 이강윤, 범팔, 서비, 도열한 중앙군들, 옥사 쪽에서 들려오는 소란에 그쪽을 바라보면 병사들과 격투를 벌이며 공터를 향해 뛰어오는 가노들이다.

조학주 (한심하다는 듯) 명을 재촉하는 구나.
(이강윤에게) 세자만 살려두고 나머지는 다 죽이거라.

이강윤, 눈짓하면 도열해 있던 훈련도감 병사들 검을 빼어 들며

조학주를 향해 뛰어오는 영신, 가노들을 향해 뛰어가고..

공터 쪽으로 달려오는 와중에도 침착하게 조총에 탄환을 장전하는 영신

영신 (옆에서 함께 이동하는 가노 무리에게) 엄호하세요!

조총을 들고 달리는 영신의 사면을 에워싸며 달리는 가노들.

달려드는 병사들을 검으로 막기 시작하고..

순간, 사정거리에 들어온 듯 멈춰 서서 총을 조준한다.

그 모습을 본 이강윤 멈칫하고, 조학주의 낯빛 역시 변하는데..

검을 든 병사들, 영신에게 달려들지만 가노들 죽기 살기로 막아선다.

'탕' 문경새재 위로 퍼져나가는 총소리.

46 D, 문경새재 또 다른 진지 일각

내금위들과 함께 걸어오던 창, 총소리를 듣고 문득 고개를 든다.

내금위들 놀라서 바라보고..

47 D, 진지 막사 앞 공터

총소리에 놀라 고개를 숙이는 범팔과 서비.

찰나 같은 시간이 지난 뒤 조용해진 사위에 주변을 둘러보는데..

바닥으로 뚝뚝 떨어지는 붉은 핏방울.

놀라서 '큰아버님' 하며 일어서는데..

조학주의 바로 앞에 서 있던 내금위 1이 대신 총을 맞고 쓰러지고 있다.
내금위 3, 놀라 조학주에게

내금위 3　대감, 괜찮으십니까?

조학주, 분노에 찬 시선으로 부들부들 떨며 영신과 가노들을 본다.

조학주　저 놈을 당장 잡아오거라!

조학주의 말에 내금위들 검을 뽑으며 영신과 가노들을 향해 뛰어온다.
한 발의 기회가 날아가자 낯빛 어두워지는 영신과 가노들.
그러나 포기하지 않고 다시 조총을 장전하는 영신.
그 사이 더욱 매섭게 달려드는 훈련도감 병사들을 막아서는 가노들.
결국 수적인 열세에 하나둘씩 피를 흘리며 무너지기 시작하지만, 남은 가노들 절대 물러서지 않는다.
그 사이 싸움판으로 뛰어드는 내금위들의 검세에 이를 악물고 싸우던 가노 1을 비롯한 남은 가노들 하나둘씩 피를 흘리며 쓰러지고..
영신, 다급히 다시 한번 마지막 한 발을 조준해보지만, 그런 영신의 어깨를 베어버리는 내금위 3.
영신, 피를 흘리면서도 다시 한번 조준해보려 애써보지만, 결국 사방에서 다가서는 내금위들의 검세에 무릎을 꿇고 바닥에 쿵 무릎을 꿇고 만다.
그런 영신과 피를 흘리며 바닥에 뒹구는 살아남은 가노들을 제압하는 내금위들.
그때, 공터 쪽으로 걸어오는 또 다른 내금위들과 창.
창, 말없이 조학주를 바라보는데..

순간, 저 멀리에서 들려오는 누군가의 찢어지는 듯한 비명소리. 뭐지?
사람들, 모두 그쪽을 바라본다.
뒤이어 들려오는 '크아아악' 소름 끼치는 괴물의 울음소리.
멈칫하는 이강윤, 주변의 중앙군들을 보며

이강윤 무슨 일인지 확인해 보거라.

그 소리에 곧바로 울음소리가 들려오는 막사 쪽으로 뛰어가는 중앙군들.
그러다가 막사들 너머에서 다가오는 뭔가를 확인하고 공포에 질린 눈빛으로 뒤로 물러서기 시작한다.
범팔의 옆에 서 있던 서비, 겁에 질린 눈빛으로 뒷걸음질을 치고..
조학주와 이강윤, 중앙군들, 영신, 뒤늦게 공터에 도착한 무영, 가노들도 뭐지? 멈칫해서 바라보는데..
서서히 막사들 사이에서 모습을 드러내는 그림자.
기괴한 몸짓, 피투성이가 된 입가, 이지를 상실한 눈빛.
상복을 입은 채 머리를 풀어헤치고 괴물로 변해버린 안현이다.
숨이 멎을 듯 놀라 그 모습을 바라보는 사람들.
"어..어떻게.." "안현 대감은 분명 돌아가셨는데.."
"죽은 사람이 살아났어.." 등등 군사들 사이에 동요가 일어난다.
이강윤 역시 믿기지 않는 눈빛으로 되살아난 안현을 바라보고..
조학주, 뜻밖의 상황에 당황해하며 눈빛 흔들린다.

조학주 어..어찌.. 이런 일이..

오로지 창만이 가만히 안현을 바라보는데..

-인서트

-18씬, 전각 안에서 피투성이가 되어 창의 손을 잡는 안현.

안현 ..상주의 백성들을.. 기억하십시오..

그들을.. 살리시려면.. 강해지셔야 합니다..

창을 바라보는 붉게 충혈된 안현의 눈빛.

창, 그런 안현을 가만히 바라보는데...

안현 (마지막 기력을 모아) 저하가 살 길은 단 하납니다..

제가 죽으면.. 절 되살려.. 괴물로 만드십시오..

창, 순간 흔들리는 눈빛.

안현 부디.. 그리하여.. 진실을 알리셔야.. 합니다..

-39씬, 창고 안에서 서비의 손을 잡고 글자를 써 내려가는 창.

'내일 진시 전에 안현 대감을 되살리거라'

놀라서 창을 바라보는 서비..

-밤, 막사 안

주변을 두리번거리며 막사 안으로 들어서는 서비.

침상 위에 눕혀진 숨진 안현을 겁에 질린 눈빛으로 바라보다가 생사초를 꺼내 든다.

—다시 현재로 돌아오면

괴물이 된 안현, '크르르' 괴이한 울음소리를 내며 사람들을 향해 다가오고 있다. 겁에 질린 중앙군들 그 누구도 안현에게 덤비지 못하고 뒷걸음질을 치는데 순간 '크아아악' 외치며 사람들을 향해 달려들기 시작하는 안현.

처음 보는 기괴한 모습에 혼비백산 피하는 중앙군들.

사람들 사이를 포효하며 달려들던 안현,

이리저리 피하는 사람들 사이, 조학주가 선 방향을 향해 뛰어오기 시작한다.

우뚝 선 채 우왕좌왕하는 중앙군들을 향해 조학주 외친다.

조학주 머리를 노려라! 머리를 노려야 한다!

멀리 창과 함께 있던 내금위들과 영신과 가노들을 제압했던 내금위들, 다급히 뛰어오고

이강윤 역시 조학주를 구하기 위해 달려가다가 멈칫한다.

창, 서비, 무영, 범팔, 영신 모든 사람들 멈칫해서 어딘가를 바라보는데..

주변을 빠르게 도망치던 사람들이 사라지자, 서서히 드러나는 광경.

떨려오는 조학주의 얼굴에서 서서히 화면 빠지면,

조학주의 목덜미를 물어뜯고 있는 안현의 모습이다.

2부 끝

3부

KINGDOM2

1 N, 과거, 운포늪 인근 막사 안

황촛불의 희미한 불빛이 일렁이는 막사 안.
마주 앉아 있는 안현과 조학주.

* 자막 – 3년 전

안현, 믿기지 않는 눈빛으로 손에 든 생사초를 내려다보다가

안현 이 풀이 죽은 자를 되살린다구요?

조학주 맞습니다. 베거나 찔러도 죽지 않고, 산 사람의 인육과 피를 탐하

는 괴물로 되살아납니다.

안현　　그게 말이 됩니까? 죽은 자가 어찌..

조학주　　(강하게 보는) 사실입니다.

안현, 그런 조학주와 풀을 기가 막힌 듯 보다가 여전히 반신반의하는 눈빛으로

안현　　그래서요. 이 풀을 보여준 이유가 뭡니까?
죽은 병사들을 괴물로 만들어 왜군과 맞서기라도 하자는 말씀입니까?

조학주　　아뇨. 이미 부패가 시작된 시신은 되살릴 수 없습니다.
그렇다고 살아있는 병사들을 희생시킬 수는 없지요.
귀중한 병력을 그리 쓸순 없습니다.

안현, 진지한 눈빛으로 말을 이어가는 조학주를 이해할 수 없다는 눈빛으로 바라본다.

안현　　..대체 무슨 말씀을 하고 싶으신 겁니까?

조학주, 가만히 안현을 보는데 눈빛 서서히 차가워진다.

조학주　　수망촌의 병자들을 죽입시다.

안현, 멈칫해서 조학주를 바라본다.

조학주 그들을 괴물로 만들어 왜군과 대적하게 한다면, 살길이 열릴 것 입니다.

안현 ..(어이없는) 진심으로 하시는 말씀입니까?

조학주 어차피 그들은 어디에도 쓸모없는 자들입니다.

안현 우리가 피를 흘리며 왜군과 싸우는 것은 이땅과 백성들을 지키기 위함입니다! 그런데 우리 백성을 우리 손으로 죽이자구요? 그럴 수 없습니다.

쾅 일어서는 안현, 손에 들고 있던 풀을 집어 던진다.

안현 죽은 자를 되살린다니.. 그런 헛소리도 난 믿을 수 없습니다.

안현, 돌아서서 걸어 나가려는데 들려오는 조학주의 목소리.

조학주 대감께선 미천한 백성들을 위해 싸우셨소?

안현, 뒤돌아보면 조학주 천천히 일어나 한켠에 놓여진 커다란 상자로 다가가며

조학주 난 아닙니다. 내가 지키려는 건 이 나라의 근간인 왕실과 종묘사 직이에요.
그를 위해서라면.. 난 무슨 짓이건 할 것입니다.

조학주, 말과 함께 상자 문을 위로 열어젖히는데, 순간 족쇄에 묶여 상자 안에 갇혀 있던 괴물로 변한 군졸 1, '크아악!!' 울부짖으며 포효한다.

소스라치게 놀라 그런 군졸 1을 바라보는 안현.

조학주, 그런 안현을 강하게 바라보며

조학주 곧 수많은 왜군들이 이곳으로 몰려올텐데 우리에게 남은 병사는 고작 오백뿐입니다. 그런데 언제까지 인의를 따지고 계실겁니까?

괴물로 변한 군졸 1을 떨리는 눈빛으로 보던 안현, 조학주를 바라본다.

조학주, 그런 안현에게 천천히 다가와

조학주 상주에 많은 백성들을 생각하셔야지요.

그들을 살리기 위한 작은 희생일 뿐입니다.

대감과 나.. 우리 둘만 눈을 감으면 되는 일이에요...

황촛불에 비친 조학주의 눈빛을 바라보는 흔들리는 안현의 모습 위로 찢어질 듯 들려오는 통곡과 비명소리.

2 N, 과거, 수망촌

'살려주십시오, 제발 살려주십시오' 도망치다가 넘어진 듯, 바닥에 넘어진 채, 덜덜 떨며 기고 있는 수망촌 소년. 순간, 뒤에서 나타나 수망촌 소년의 목을 죄어오는 밧줄. 괴로움에 떨면서 죽어가는 수망촌 소년, 서서히 앞으로 쓰러지면서 밧줄로 수망촌 소년을 죽인 사람 드러나는데 죄책감이 가득한 눈빛의 덕성이다.

그런 덕성에서 화면 빠지면, 수망촌 곳곳에서 일어나고 있는 학살들.

나병 환자뿐만 아니라, 그들을 보호하려는 가족들, 수망촌민 모두가 목이 졸려 죽어가고 있다. 제발 살려달라며 울부짖는 촌민들을 보며 망설이지만, 결국 이를 악물고 죽여버리는 가노들.
그들 중 어린 영신의 동생을 부여안고 제발 이 아이만은 살려달라 비는 영신 모를 뒤에서 목을 졸라 죽이는 가노 1, 그리고 '엄마!!' 울음을 터뜨리는 영신의 동생마저, 덕성, 눈을 질끈 감고 죽여버린다.
통곡과 비명이 난무하는 수망촌의 모습을 멀리서 지켜보고 있는 안현과 조학주.
조학주는 눈썹 하나 까딱하지 않고 차가운 눈빛으로 바라보고 있지만, 안현의 눈빛은 깊은 죄책감에 휩싸이며 떨려온다.

3 D, 과거, 수로 안

여기저기 횃불이 걸려 있는 수로 안.
수십 명의 수망촌 촌민들의 시신들이 눕혀져 있고, 그런 시신들 옆에서 짓이긴 생사초 진액을 장침에 묻히고 있는 이승희 의원.
한 시신의 미간에 장침을 찔러넣는다.
조금 떨어진 곳에서 그 모습을 지켜보고 있는 조학주와 안현, 덕성을 비롯한 가노들.

–시간 경과되면
모든 시술이 끝난 듯 도구를 챙겨 드는 이승희 의원.
조학주, 곁에 선 안현에게

조학주 이제 곧 왜군들이 쳐들어 올 것입니다.
상주쪽 입구는 닫고 반대편 수로 입구만 열어놓으십시오.

말이 끝나자 돌아서서 상주읍성 쪽 암도를 향해 멀어지는 조학주.
그 뒤를 따르는 이승희 의원. 덕성도 가노들도 하나둘씩 움직이기 시작하는데.. 안현은 장승처럼 그 자리에 서서 처참하게 숨진 수망촌민들을 바라본다.

안현(소리) 잊지 않을 것이다..

4 N, 과거, 상주 읍성 성곽 위

바람이 불어오는 상주읍성 성곽 위에서 완전무장을 한 채,
굳은 눈빛으로 성 밖을 내려다보고 있는 안현, 조학주와 덕성, 가노들의 모습 위로 찢어질 듯 들려오는 비명소리들과 요란한 조총 소리와 화포 소리, 그리고 괴물들의 울음소리.
시선 좇아가 보면 어둠에 휩싸인 상주읍성 밖, 괴물들의 습격으로 아수라장이 된 왜군들의 진영이다.
공포에 질려 괴물들을 처치하고자 여기저기 날아다니는 조총의 탄환들.
비명을 지르며 도망치는 왜군들, 자기 진영에 화포를 쏴대는 왜군들 등 살과 뼈를 물어뜯는 끔찍한 소리와 처절한 비명소리가 뒤엉킨 지옥 같은 공간이다.
그런 성 밖의 모습을 지켜보는 안현의 눈빛, 서서히 붉게 물들어 온다.

안현(소리) 너희들의 희생을 절대.. 잊지 않을 것이다..
그리고 언젠가 이 빚을 갚을 것이다..
반드시.. 이 빚을 갚을 것이다...

5 D, 현재, 진지 막사 앞 공터

전 씬의 안현의 모습에서 현재로 오버랩되면, 이지를 상실한 눈빛으로 조학주의 목덜미를 물어뜯고 있는 안현.
다들, 얼이 빠져 아무것도 못한 채 당황해 있는데..
정신을 차린 이강윤, 다급히 달려가 안현의 등을 칼로 베지만 꿈쩍도 않는다. 오히려 포효와 함께 이강윤에게 달려드는 안현.
피를 흘리며 풀썩 쓰러지는 조학주. 그런 조학주에게 '큰아버님' 외치며 달려오는 범팔, 역시 당황한 얼굴로 조학주에게 달려오는 내금위들.
안현이 달려들자, 당황한 이강윤 뒤로 물러서고..
그런 이강윤을 안현, 덮치려는 순간
휙 바람을 가르는 소리와 함께 바닥에 떨어지는 안현의 목..
보면, 검을 쥐고 있는 어두운 눈빛의 창이다.

창 죽었다 되살아난 자를 멈추려면.. 머리를 공격해야 한다..

이강윤을 포함한 병사들 놀라고 당황한 시선으로 땅에 떨어진 안현의 목과 창을 번갈아 바라본다.
병사들이 얼이 빠져 있는 상태에서 제압이 풀려난 가노 1과 가노들, 떨려오는 눈빛으로 잘린 안현의 목으로 다가와 무릎 꿇고 눈물을 흘리고..

영신, 역시 굳은 눈빛으로 숨진 안현을 바라본다..

이강윤 ..말도 안됩니다..이게 어찌..

...안현대감께선.. 분명 절명하셨었는데..

창 ..맞다. 너희들 모두가 본 것처럼 스승님께선 돌아가셨다.

그리고 저 의녀가 스승님을 되살렸다.

..조학주가 아바마마를 되살린 것처럼..

이강윤을 비롯한 병사들, 멈칫해서 서비를 바라본다.

서비, 당황해서 어찌할 바를 모르는데..

창 (서비에게) 말하거라. 네가 보고 들은 것 모두..

서비, 창을 떨리는 눈빛으로 보다가 천천히 입을 연다.

서비 스승이셨던 이승희의원님께서 병상일지에 모든 것을 적어놓으셨습니다.

소매 안에서 생사초를 꺼내 보여주는 서비.

서비 이 생사초라는 풀로 승하하신 전하를 살려냈다고..

그리고 그 때문에 경상땅에 역병이 시작됐습니다.

이강윤을 비롯한 일동 모두 혼란스러움에 눈빛 흔들린다.

그때 창이 가노 1쪽을 돌아보면, 품속에서 뭔가를 꺼내 이강윤에게 건네는 가노 1. 이승희 의원의 병상일지다.

창 저 의녀가 말한 아바마마의.. 병상일지다.
스승님께선.. 그 사실을 알리려 하셨다..

이강윤, 믿을 수 없다는 눈빛으로 병상일지를 살펴보기 시작한다.
그런 이강윤을 바라보던 창, 천천히 주변을 둘러보다가
쓰러져 있는 조학주와 당황한 기색이 역력한 내금위들, 범팔 쪽을 차갑게 바라보며

창 해원조씨는.. 그들을 이끄는 조학주는 내가 역모를 꿈꿨다 한다.
허나 내가 바란 것은 왕위가 아니다.
내가 원한 건.. 이 나라를 좀먹는 해원조씨를 벌하는 것이었다.

얘기하는 창을 바라보는 이강윤과 병사들.

창 해원조씨 무리의 죄는 실로 무겁다.
자신들의 권력을 지키기 위해 대행왕이신 아바마마의 시신을 능욕했으며 전란으로 황폐해진 민초들을 탄압했고, 그들에게서 먹을 것을 빼앗아 굶주리게 하였다.
해원조씨 무리들의 탐욕이 저 끔찍한 역병을 만들어 낸 것이다.

이강윤과 병사들의 눈빛, 서서히 이성을 찾아간다.

창 언제까지 그들의 간악한 세치혀에 놀아날 것이냐.

너희 귀에는 상주읍성에서 죽어가는 백성들의 통곡소리가 들리지 않는 것이냐?

말없이 창을 바라보는 사람들.

창 이제 눈을 뜨고 귀를 열어라.
백성의 소리를 듣고 이 나라의 참상을 직시하며 무엇이 옳은 길인지 결정할 때이다.

창, 이강윤을 바라보며

창 ..나를 따르겠는가?

이강윤, 흔들리는 눈빛으로 창을 바라보는데..

6 D, 상주읍성 일각

상주읍성 거리 곳곳에 주저앉아 있는 사람들. 희망과 의욕을 잃은 듯 체념한 얼굴들로 여기저기 기대 앉아 있고.. 그런 거리를 지나는 상주에 남은 가노들. 희망을 잃은 백성들을 보며 역시 착잡함에 얼굴빛이 어두워지는데.. 그때 성벽 너머에서 들려오는 쾅! 콰쾅!! 하는 폭발음.
흠칫 놀란 사람들. 대체 무슨 일이지? 긴장과 공포에 찬 얼굴로 주위를 두리번댄다.

7 D, 상주읍성 성벽 위

성벽 위로 뛰어 올라와 성 밖을 확인하는 가노들과 아전들, 군관들.
저 멀리 북천 쪽에서 포탄이 터진 듯 연기가 솟아오르고 있다.
긴장한 눈빛으로 그쪽을 바라보는 사람들.

8 D, 과거, 새재, 전각 안

탁자를 사이에 두고 회의 중인 창, 이강윤, 가노 1, 2.
창, 탁자 위에 상주 인근의 지도를 펼치며

창 상주읍성의 백성들에게 한시라도 빨리 식량을 전달해야 한다.

이강윤 아무리 훈련이 잘된 정예병이라 해도 저들을 모두 물리치기엔 역부족입니다. 숫적으로 불리해요.

창, 지도의 한 부분을 가리키며

창 우리가 빠져나온 수로가 있다. 수레에 식량을 싣고 이곳까지 간다면 승산이 있을 수도 있다.

그때 앞으로 나서는 가노 1.

가노 1 근방 지리는 저희가 가장 잘 압니다. 저희가 가겠습니다.

창을 비롯한 사람들, 가노 1을 본다.

가노 1　　읍성 안에 저희 가족이 있습니다..
저희가 할 수 있게 해주십시오.

위험을 알기에 창, 쉽사리 입을 열지 못하다가 지도를 바라본다.

이강윤　　(가노 1에게) 사방이 뚫린 길이다. 가능하겠느냐.

지도를 바라보던 창, 결심한 듯

창　　가능하게 만들어야지..

9　　D, 북천 이남 들판 일각

들판 곳곳에 기괴한 몸놀림으로 운집해 있는 괴물들.
그때, 저 멀리에서 들려오는 말발굽 소리.
순간 괴물들, 산 사람의 냄새를 맡은 듯 '크아아악' 포효하며 소리가 들려온 쪽을 향해 뛰어가려는데 어디선가 날아오는 포탄들. '쾅''콰쾅' 엄청난 굉음과 함께 터지며 주변의 괴물들, 폭사하고..
흙먼지와 검은 연기 사이, 괴물들이 사라진 길 위로 수레 하나가 빠르게 돌진해온다.
가노들이 말을 몰고 있고 수레에는 식량이 담긴 포대들이 가득하다.

10 D, 북천 이북 강가 일각

강가를 따라 나란히 배치된 수십 개의 지자총통.

가장자리의 지자총통부터 강 너머를 포격한 듯 흰 연기가 올라오고 있고..

그 옆쪽으로 놓여진 지자총통에는 포격 준비 중인 병사들.

각 지자총통 앞에는 붉은 깃발을 들고 신호를 대기 중인 군관들.

그들 뒤쪽에서 긴장된 눈빛으로 강 너머를 바라보고 있는 창과 이강윤.

11 D, 과거, 새재, 전각 안

회의 중인 창과 사람들.

창, 지도에서 수로까지 연결된 강 너머의 길을 가리키며

창 수레가 향할 곳은 이 길이다. 이 길을 따라 엄호해 준다면 가능할 수 있다.

이강윤, 창이 가리키는 지도를 보며

이강윤 강을 건너 초반은 강 너머에서 볼 수 있지만, 조금만 지나면 산길입니다. 어디까지 이동했는지 볼 수 없는데 어찌 엄호를 합니까?

이강윤을 바라보는 창의 모습에서..

12 D, 북천 이북 강가 일각

긴장한 눈빛으로 강 너머를 바라보는 창과 이강윤, 병사들.

순간 강 너머 산길 위로 둥실 떠오르는 커다란 방패연.

13 D, 북천 이남 산길 일각

산길을 달리는 수레.

말을 모는 가노 1 옆의 가노 2, 방패연을 날리고 있다.

그 뒤쪽으로 따라붙기 시작하는 괴물들.

순간, 그런 괴물들 사이로 '콰쾅' 떨어지는 포탄.

14 D, 북천 이북 강가 일각

산길을 따라 이동하는 방패연을 바라보며 차례차례 깃발을 흔드는 군관들.

깃발 신호에 맞춰 강 너머로 발사되는 지자총통들.

15 D, 상주읍성 성벽 위

'콰쾅''콰쾅' 터지며 검은 연기가 올라오는 방향을 바라보던 상주 군관 2.

상주 군관 2 수로 쪽입니다! 수로쪽으로 포탄을 터뜨리고 있어요!

16 D, 상주읍성 안, 수로 출구

입구를 통해 올려지는 쌀가마니를 비롯한 양식들.
암도 안의 가노들은 계속 양식들을 올려보내고 있고,
그 주변으로 몰려든 백성들. "이제 살았어" "쌀이야.. 먹을 것이 왔어"
희망에 들뜬 눈빛으로 식량들을 바라보는데
마지막으로 암도에서 올라서는 가노 1.
사람들 가장 앞쪽에 섰던 상주 군관 1, 다가와

상주 군관 1 어찌 된겐가?

가노 1 저하께서 무사히 조학주 대감을 제압하시고 새재를 손에 넣으셨습니다.

안도의 한숨과 함께 낯빛 환해지는 사람들.

가노 1 한양 상황을 정리해야 하시기에 함께 오시지 못하셨지만 전하라 이르신 말씀이 있습니다.

가노 1, 주변의 백성들을 바라보며

가노 1 읍성 안의 모든 사람들을 무사히 밖으로 옮기는 것은 불가능합니다. 허나 지금과 같은 방법으로 계속 식량을 조달할테니 이 안에서 어떻게든 버티라 하셨습니다.
저하께선 절대 상주를 버리지 않으실 것이니..
반드시 살아남으라 하셨습니다.

백성들, 안도의 눈물과 함께 기쁨의 환호성이 교차된다.

17 D, 몽타주

-북천 이북 들판에서 상주읍성을 바라보는 창.

-상주 읍성 안, 눈물을 흘리며 기뻐하며 서로를 부둥켜안는 백성들의 모습들과 북천 이북 들판에서 상주읍성을 바라보는 창의 모습 교차되면서..

18 D, 문경새재, 창고 건물 밖

창고 앞을 지키고 선 훈련도감 병사들.

19 D, 창고 건물 안

한쪽 구석에서 겁에 질린 눈빛으로 어딘가를 바라보고 있는 범팔.
시선 쫓아가 보면 조학주, 가쁜 숨을 내쉬며 정신을 잃고 누워 있는데 물어뜯긴 목덜미 주변으로 검붉은 핏자국. 얼굴에는 식은땀이 가득하다.
그런 조학주의 곁에서 조심스레 병세를 지켜보고 있는 서비.
조학주의 이마에 조심스레 손을 대어본다.

범팔 어떠시냐?

서비 ..몸이 점점 더 차가워 집니다.

범팔 (보다가) 그런데.. 정말 큰아버님은 괴물이 되지 않으시는 게 확실한거지?

서비 생사초로 되살아난 자에게 물렸다고 모두 괴물이 되는 것은 아닙니다. 한양에서 전하께 물린 단이는 괴물로 변하지 않았어요.
다만 시름시름 앓다 죽었지요.
병증이 변한 것은 동래.. 지율헌에서 부터였습니다.
단이의 인육을 먹고 괴물로 변한 이들부터 병증이 전염되기 시작했어요.

범팔 그럼 큰아버님은 어찌되시는 것이냐?

서비 병증이 옮지 않을 뿐입니다. 치료할 방법을 찾지 못한다면 결국 단이처럼 죽게 될 것입니다.

범팔, 조학주를 울상이 되어 바라보다가

범팔 서비야, 살려다오! 큰아버님이 전하에게 몹쓸 짓을 하셨더라도 이리 끔찍하게 돌아가시게 할 순 없다.

서비, 굳은 눈빛으로 조학주를 내려다보다가

서비 …단이는 손도 못 써보고 보냈지만 이번에는 살릴 것입니다.
이분을 살려 병증과 원인을 알아내면 분명 역병을 다스릴 방도를 찾을 수 있을 것입니다.

범팔 그래 어찌됐건 제발 큰아버님을 살려다오.

서비 (조학주를 살펴보다가 일어나며) 몸이 너무 차갑습니다.
몸을 따뜻하게 할 약재를 구해오겠습니다.

범팔, 문득 생각난 듯, 소매 안에 갈무리했던 푸른 비단으로 감싸인 상자를 꺼내 서비에게 건네며

범팔 이건 어떠냐. 중전마마께서 부탁하신 아주 귀한 약재다.

서비, 상자를 열어 약재를 확인하다가 멈칫..

서비 이건 부인과 질환을 치료하는 소목이라는 약재에요.
이걸로는 대감마님을 치료할 수 없습니다.

하.. 머리 감싸며 답답해하는 범팔.
서비, 의아한 듯 갸웃하며 손안의 소목을 보다가

서비 그런데.. 이걸 중전마마께서 구해달라고 하셨다구요?
중전마마께서 직접 드시는 건 아니겠지요?

범팔 마마께서 드시는 게 아니면 그리 힘들게 그걸 구했겠느냐.

서비 …직접 드셨단 말입니까? 그럴 리가 없는데..
근자에도 드셨습니까?

범팔 (답답한) 그게 지금 무에 중요하냐. 큰아버님께서 돌아가시게 생겼는데..

서비 말씀해 보십시오.

범팔 전달에도 전전달에도 구해드렸다. 왜 그러느냐?

서비, 눈빛에 의구심이 가득 차기 시작하는데..
순간, 밖에서 들려오는 '쿵' 하는 소리.
뭐지? 흠칫 놀라 문 쪽을 바라보는 서비와 범팔.
서서히 끼이이익 문이 열리며 밖에서 들어오는 빛에 비춰진
누군가의 그림자가 서비와 범팔의 위로 드리운다.

20 D, 문경새재 1관문

문경새재 1관문 성문 안으로 병사들을 거느린 채 들어서는 창과 이강윤.
그때, 안쪽에서 굳은 얼굴로 뛰어오는 군관들.

훈련 군관 1 저하! 큰일 났습니다!

그런 군관을 의아한 눈빛으로 바라보는 창과 이강윤.

21 D, 창고 건물 앞 / 안

조학주와 범팔이 갇혀 있던 창고 건물로 다가서는 창과 이강윤을 비롯

한 군관들과 병사들. 소란을 들은 듯 창백한 낯빛으로 가슴 쪽에 붕대를 감은 영신도 병사들 사이에 끼어 창고 건물 쪽으로 다가서고..

창고 건물 앞으로 다가간 창과 이강윤 텅 비어 있는 창고 안을 보고 낯빛 굳는다.

이강윤 어찌 된 일이냐? 이곳을 지키던 병사들은?

훈련 군관 1 건물 뒤쪽에서 시신으로 발견됐습니다.

창 ...누구냐..

훈련 군관 1, 쉽게 입을 열지 못하는

창 누구냐 물었다!

훈련 군관 1 (보다가) 저하를 보좌하던 좌익위가 저하의 명이라며 좌거 하나를 끌고 3관문을 통과하였다 합니다.

무섭게 굳어지는 창의 낯빛.

22 D, 관도 일각

강가 옆으로 난 길 위로 울리는 말발굽 소리와 수레바퀴 소리.

무서운 속도로 달리고 있는 좌거다.

좌거 앞에 앉아 말들에게 채찍을 때리며 달리고 있는 무영.

그 옆쪽에서 말에 올라타 함께 달리고 있는 범팔.

좌거 안을 비추면 의식을 잃은 조학주와 옆에서 불안한 눈빛으로 조학주의 상세를 확인하고 있는 서비.

죄책감에 가득한 얼굴로 속도를 높이는 무영의 모습에서

23 N, 과거, 내선재, 김씨 부인 방 앞 / 무영의 회상

내선재 뜰을 짐보따리를 들고 앞서 걷고 있는 무영.

그 뒤를 따르는 김씨 부인, 불안한 눈빛으로 주위를 두리번거리는

김씨 부인 여기가 어딥니까?

무영, 멈춰 서서 일말의 불안감을 숨긴 채 김씨 부인을 바라보며

무영 며칠 전 전하께서 두창으로 쓰러지셔서 궐이 어수선하니 숙직하는 날이 더 늘어날 듯 합니다. 돌봐줄 가족이라곤 나 뿐인데 출산이 코앞인 부인을 홀로 두려니 불안하지 않겠습니까.

여긴 내가 잘 아는 사람의 집이니 잠시 이곳에서 지내도록 하세요.

김씨 부인, 무영의 얘기를 듣자, 눈빛이 어두워진다.

김씨 부인 …전.. 서방님 곁에 있고 싶습니다.

무영 (보는)

김씨 부인 제가 없으면 잠시라도 집에 돌아와 쉬실 때,

누가 서방님의 먹을 것 누일곳을 돌본단 말입니까.

무영, 자신을 걱정하는 김씨 부인이 안타깝고 걱정스럽다. 가만히 보다가

무영 내가 무슨 복이 있어 부인같은 사람을 만났는지 모르겠습니다. 아둔한 나를 만나 지금까지 고생만 시켰는데도 한 마디 불평도 없었어요.. 미안하고 또 미안할 뿐입니다

김씨 부인 서방님..

무영 잠시면 됩니다. 잠시만 여기서 머물면서 몸을 추스르세요.

어쩔 수 없이 수긍하는 김씨 부인을 걱정과 사랑을 담아 보는 무영.

24 N, 과거, 내선재, 별채 마당 / 무영의 회상

별채로 다가서는 무영과 김씨 부인.

마당에 서 있는 누군가와 마주치는데 눈빛, 적개심으로 차갑게 굳는다.

마당에 서 있는 범일과 그 옆에 산파다.

범일, 다가오던 무영을 보고 차갑게 웃으며 산파에게

범일 들어가 잠자리를 봐드려라.

산파, 목례한 뒤 김씨 부인을 방으로 안내하며 들어가고 단둘이 남는 무영과 범일.

범일 잘 생각했다. 오늘까지 답이 없었다면 슬슬 손을 쓸 생각이었거든.

무영 (눈빛 분노로 떨려온다)

범일 네 손으로 이리 직접 데리고 오니 얼마나 좋으냐.
넌 부인의 안위를 챙겨 좋고 우린 원하는 것을 얻어 좋고..

무영 (범일을 잡아먹을 듯 보는) ...내 부인에게 무슨 일이라도 생긴다면, 절대.. 가만있지 않을 것이오.

범일, 그런 무영을 보다가 순간 어찌할 새도 없이 발로 배를 차 무영을 쓰러뜨린다. 무영, 윽해서 일어서려는데, 그런 무영의 멱살을 잡아채는 범일, 차가운 눈빛으로 무영을 바라보며

범일 감히 주제도 모르고 기어올라? 지금 당장 네 마누라의 머리채를 잡아 니 눈앞에서 죽여줄까? 세자가 널 좀 이뻐한다고 천한 좌익위 따위가 해원조씨와 맞설 수 있을 거라고 생각하느냐?

무영의 눈빛, 분노와 멸시감으로 붉게 충혈된다.
범일, 그런 무영을 보다가 멱살을 거칠게 놓으며

범일 세자가 어딜 가서 누굴 만나는지 낱낱이 고하거라.
그것이 네가 살고 네 가족이 살 길이다. 알겠느냐.

차갑게 돌아서서 멀어지는 범일. 마당에 홀로 남는 무영, 분노와 무력감에 휩싸여 있다가.. 천천히 걱정스런 눈빛으로 김씨 부인이 들은 방을 바라본다.

25 D, 관도 일각, 갈래길

더욱 고삐를 틀어쥐며 속도를 높이는 무영.

범팔의 뒤에 앉은 서비, 그런 무영을 불안한 듯 바라보는데..

26 D, 진지 앞 공터

세워진 말들을 향해 빠르게 다가오는 창과 이강윤을 비롯한 병사들.

그 뒤쪽으로는 영신이 따라붙고 있다.

이강윤, 굳은 눈빛으로

이강윤 이미 출발한지 두 시진이 지났습니다.
아무리 병자를 태웠다 한들 이미 멀리 갔을 것입니다.

창 (돌아보며) 잡아야 한다.
조학주가 먼저 한양에 간다면 분명 남은 중앙군을 데리고 내려올 것이다. 3년 전 전란의 상처가 가시지도 않았는데 또 다시 나라를 두동강 낼 순 없다.

이강윤 어찌 잡으시려구요. 이곳에서 한양까지 가는길은 수갈래길입니다.

그때 앞으로 나서는 영신.

영신 전 착호군입니다. 그 누구보다 추격에는 자신있습니다.
함께 하게 해주십시오.

창, 그런 영신 보며 고개 끄덕한 뒤, 말에 올라탄다.

27 D, 몽타주

–문경새재, 3관문을 지나는 창, 영신을 비롯한 훈련 군관 1, 2, 3.
빠르게 말을 질주해 무영의 뒤를 쫓기 시작한다.

–들판으로 접어드는 창 일행.
말을 몰다가 힐긋 창을 바라보는 영신의 모습 위로

영신(소리) 왜 가만두셨습니까? 알고 계시지 않았습니까.
좌익위가 배신했다는 걸..

말없이 말을 달리는 창의 눈빛, 서서히 가라앉는다.

–인서트
–시즌 1 4부 16씬, 지율헌에서 내금위의 화살을 맞고
속절없이 쓰러지는 백성들의 모습들.

–시즌 2 2부, 자신의 눈앞에서 총에 맞아 죽는 안현.

–시즌 2 2부, 자신에게 덤벼들던 괴물로 변한 왕의 모습.
그런 왕을 향해 어쩔 수 없이 칼을 내리치는 창의 모습에서..

–다시 현재로 돌아오면 더욱 빠르게 말을 모는 창의 모습에서

창(소리) …또 다시 누군가를 잃고 싶지 않았다. 그래서.. 믿고 싶었다. 아닐꺼라고 믿고 싶었다..

28 D, 한양, 궁궐 외경

29 D, 빈청

여전히 모여 있는 대신들. 좌의정은 체면도 잊은 듯 일어서서 초조한 눈빛으로 오락가락하다가 밖을 향해

좌의정 밖에 누구 없느냐? 왜 아직도 소식이 없는 게야!

그 소리에 문 열리며 들어서는 상선.

상선 아직 중궁전에서 아무 연통이 없었습니다.

좌의정 산통을 시작하신지 오래되지 않았느냐.
무슨 나쁜 일이라도 생긴 것이 아니냐.

탁자에 앉아 있던 우의정, 답답한 얼굴로

우의정 입방정 떨지 말고 그만 좀 앉으십시오. 정신 좀 빼놓지 마시고..

좌의정 답답한 듯 헛기침하며 자리에 앉는데..

가만히 생각에 잠겨 있던 병판 천천히 입을 연다.

병판 그런데 아무도 궁금하지 않으십니까?

일동의 시선, 병판에게 쏠리는데

병판 전하께선 역병으로 매우 혼미하셨습니다.

그런데.. 그런 전하를 영상대감께서 왜 새재로 모시고 갔을까요?

서로 시선 마주치는 사람들. 다들 생각해보니 의아한 눈빛이긴 한데..

좌의정 지금 그게 중요합니까? 이 나라의 근간이 서느냐 마느냐 하는 때가 아닙니까.

못 참겠는 듯 다시 일어서서 오락가락하는 좌의정.

그러나 병판의 눈빛엔 의혹이 가득하다.

30 D, 어영청, 창고 안

내선재에서 끌려온 산파와 하인들, 고문을 당하고 있다.

민치록 뒤에서 지켜보고 있고,

어영 군관 1, 산파와 하인들을 다그치고 있다.

어영 군관 1 누가 임부들과 아이들을 죽이라 한 것이냐!
대답하라! 자진하여 답하는 자는 그 죄를 감해줄 것이다!

고문을 받느라 피 칠갑이 된 산파, 고개 들어 민치록을 바라보는데 눈에 독기가 가득하다.

산파 지금 감히.. 중전마마를 의심하는 것이오?!
중전마마께서 이 사실을 아신다면 당장 천벌을 내리실 것이오!!

민치록, 바득바득 소리 지르는 산파를 굳은 눈빛으로 바라보다가 돌아서서 옆에 있는 어영 군관 2에게

민치록 중궁전의 동태는 잘 지켜보고 있겠지?
어영 군관 2 예. 상궁들과 궁녀들, 나인들, 무수리까지 중궁전과 관련된 자들을 모두 감시중입니다.

그때, 마당으로 빠르게 들어서는 어영 군관 3, 빠르게 민치록에게 다가와

어영 군관 3 영감. 내선재에 가마를 빌려준 가마꾼들에게 이상한 얘기를 들었습니다.
민치록 (보는)
어영 군관 3 어젯밤 내선재에서 빌려간 가마는 세 채가 아니라 여섯 채였다고 합니다.

빠르게 눈빛 변하는 민치록의 모습에서

–인서트

–과거, 밤, 내선재에서 먼저 나오는 시신을 실은 가마 세 채,

하인 1의 인도를 따라 산길을 따라 멀어지고..

뒤이어 내선재에서 걸어 나오는 상복 차림의 중궁전 상궁 2,

장옷을 뒤집어쓰며 주변을 두리번거린 뒤 문 안쪽을 향해 눈짓을 하면,

세 채의 또 다른 가마들이 나온다.

하인 1이 향한 곳과 반대쪽으로 멀어지는 중궁전 상궁 2와 가마들.

그중 한 가마의 쪽문이 살짝 열리며 겁을 먹은 김씨 부인의 얼굴이 얼핏 보여지는데..

–다시 현재, 어영청 마당, 민치록의 굳은 눈빛으로 돌아오면..

민치록 찾아야 한다.. 우리가 발견한 가마들 말고도 다른 가마들이 있었다면.. 다른 피해자들이 있었던 것이다.

떨리는 눈빛의 민치록의 모습에서..

31 D, 중궁전, 산실

대들보에 매어진 채 길게 늘어진 명주 천 사이,

소복을 입고 앉아 있는 계비.

그 옆에 역시 초조한 얼굴로 앉아 있는 중궁전 상궁.

계비, 귀기로 가득 찬 눈빛을 한 채 혼잣말을 중얼거린다.

계비 달이 차면.. 반드시 사내아이를 안을 것이다..

32 D, 강가 일각

강 옆으로 난 길을 따라 달리고 있는 무영 일행.
좌거 안을 비추면 조학주의 상세를 확인하던 서비, 굳은 눈빛으로 좌거 밖을 향해 외친다.

서비 나으리! 잠시 쉬어가야 합니다!

그러나 거침없이 달리는 무영.

서비 나으리! 병자가 위험합니다!

앞에서 말을 몰던 무영, 맘은 급하나 어쩔 수 없이 속도를 늦춰 좌거를 멈춘다. 범팔, 역시 말을 멈추고 말에서 내려 좌거 쪽으로 다가가 불안한 얼굴로 문을 여는데 좌거 안의 서비, 굳은 눈빛으로 좌거 밖에 선 범팔과 무영에게

서비 몸이 얼음장같습니다. 맥도 미약해요.
이대로 가면 죽을겁니다

무영, 흔들리는 눈빛.

서비 병자를 누일 곳을 찾아야 합니다!

범팔, 다급한 시선으로 주변을 둘러보는데,
강가 옆 숲 쪽에 버려진 민가의 지붕이 보인다.

33 D, 몽타주

–민가 방 안, 범팔, 조학주를 업어 들어와 바닥에 눕힌다.

–강가에서 물을 떠오는 서비.

–기계적인 손길로 아궁이에 불을 지피는 무영.

–방 안, 범팔 자신의 옷을 벗어 조학주에게 덮어주는데
순간, 범팔의 손에 자신의 패를 쥐여주는 조학주.
범팔, 멈칫해서 조학주를 보는데..
거친 숨을 내쉬는 조학주가 범팔을 바라보고 있다.

34 D, 민가 방 안

물을 떠서 안으로 급히 들어서는 서비,
조학주를 내려다보고 있던 범팔, 서비가 들어오자 눈치를 보며 뒤로 물러선다. 서비, 거친 숨을 내쉬는 조학주에게 물을 먹이는데 기침을 하는

조학주, 기침이 점점 심해지는데 급기야 피를 토하며 정신을 잃는다.
놀라 보는 서비와 범팔. 서비, 조학주의 맥을 잡는

서비 맥이 거의 잡히지 않습니다!

범팔 (보다가) ..약..약초! 약초를 찾아보겠다.

후다닥 뛰쳐나가는 범팔. 서비, 그런 범팔에게까지 신경 쓸 여력이 없다.
다급히 침을 꺼내 조학주에게 침을 놓기 시작한다.
침을 놓자 숨결은 여전히 거칠지만 어느 정도 진정이 되기 시작하는 조학주. 서비, 한숨을 내쉰다.

35 D, 관도 일각, 갈래길

얼어붙은 땅 위, 희미하게 남은 수레바퀴 자국을 확인하고 있는 영신.
주변에는 말 위에서 영신을 바라보고 있는 창 일행.
영신, 갈래길 중 한 방향을 바라보며

영신 저쪽 길로 향했습니다.

영신, 빠르게 말 위로 올라타며

영신 저쪽은 한양까지 외길입니다.
저 길만 따라가면 잡을 수 있을 것입니다.

고삐를 잡아채며 빠르게 출발하는 창 일행.

길을 따라 빠르게 달리기 시작한다.

36 D, 민가 부엌

아궁이에 불을 던지고 있던 무영,

인기척을 느끼고 보면 문가에 서 있는 서비다.

서비 ..저하는 언제 오십니까?
먼저 출발하라 하셨다면서요.

무영 ..병자는 어찌되었느냐?

서비 일단 진정은 시켰으나 여전히 상태가 좋지 않습니다.
저하가 오실때까지 기다렸다 가시지요.

무영 (굳은 얼굴로 보다가) 바로 출발할 것이다. 준비하거라.

그런 무영을 굳은 눈빛으로 막아서는 서비.

서비 정말 저하께서 먼저 가라 하신 것이 맞습니까?

무영 (시선 회피하며) 비키거라.

서비 ..처음부터 저하를 기다릴 생각이 없으셨던 거죠..

무영 ...(눈빛 떨려오는)

서비 왜 이러시는지 모르지만.. 이러시면 안됩니다.
저하께서 나으리를 얼마나 아끼시고 의지하셨는데요.
언제나 곁에서 지켜주시지 않으셨습니까.

무영 (눈빛 흔들리지만.. 마음 다잡으며) 비키라 하였다.

서비 (무영의 앞을 다시 가로막으며) 안됩니다.
저하께 꼭 드릴 말씀이 있습니다.

답답한 눈빛으로 자신을 바라보는 서비를 보는 무영.
서비, 소매에 갈무리했던 소목을 꺼내 무영에게 보여주며

서비 이것은 왜국에서만 나는 소목이라는 약재입니다.
워낙 귀하고 비싸 시중에서는 구하기 힘든 물건이지요.

무영 무슨 얘길 하고 싶은게냐?

서비 이 약재는 유산이나 출산으로 생긴 어혈을 제거하고 몸조리를 하지 못해 생기는 증상을 완화시키는 약입니다. 또한 성질이 매우 강하여 임부들에겐 절대 금기시되는 약재지요.

무영 비켜라 더 이상 지체할 시간이 없다.

서비 이 약재를 중전마마께서 드셨다고 합니다.

무영 (멈칫해서 보는) 그게 무슨 말이냐. 임부들에겐 금기시되는 약재라 하지 않았느냐. 잘못알고 얘기한 것이겠지.

서비 부사나으리께서 분명 그리 말씀하셨습니다.
중전마마께서 직접 드시는 약재라구요.

무영 (혼란스러운 눈빛) 그럴 리가 없다..

서비 저도 뭐가 뭔지 모르겠습니다. 허나 이게 사실이라면 저하께 이 사실을 말씀드려야 합니다.
중전마마께서 왜 이 약을 드셨는지 알아내야만 해요.

무영, 점점 더 혼란스러워지는 눈빛.. 설마.. 설마.. 하다가

서비가 들고 있던 소목을 받아들고서

무영 ...유산이나.. 출산 이후에 쓰는 약이라 하였느냐...

서비 맞습니다.

-인서트

-24씬에 이어지는..

내선재 마당에서 걱정스런 눈빛으로 김씨 부인이 들은 방을 바라보는 무영. 그때, 별채의 다른 방문이 열리며 안에서 나오려던 임산부 1. 밖에 선 무영을 보고 놀란 듯 다시 방문을 닫고 들어가는데 닫히는 방문 사이로 안에 앉아 있는 임산부 2와 다른 임산부들이 얼핏 보인다.

무영, 뭐지? 의아한 눈빛으로 보다가.. 다시 김씨 부인이 있는 방을 걱정스럽게 한번 바라보다가.. 감정을 추스른 뒤 멀어지는데..

-다시 현재로 돌아오면 더욱 혼란스러운 듯 떨려오는 무영의 눈빛.

37 D, 민가 방 안

문 열리며 방으로 들어서는 무영.

의아한 얼굴의 서비, 그런 무영의 뒤를 따라 방에 들어서는데..

거칠게 숨을 내쉬는 조학주, 정신을 차린 듯 몸을 일으키고 있다.

서비 (놀라 다가가며) 정신이 드십니까?

조학주 ...여기가 어디냐..

그런 조학주를 떨리는 눈빛으로 보던 무영.
다가가 손에 들고 있던 소목을 보여준다.

무영 ...이 약재는 무엇이요. 이것을 왜 어디에 쓴것이요?

조학주 역시 혼미한 눈빛으로 무영을 본다.

조학주 ..이것이 무엇이냐..
무영 내선재에 만삭의 임부들이 모여 있었소.
그 여인들을 왜 모은 거요? 대답해 보시오.

무영의 말을 들은 서비의 눈빛 역시 혼란스러워지고..
조학주 역시 병색이 완연한 눈빛에 의혹이 떠오르며 가만히 무영을 바라보는데.. 불길한 생각에 점점 더 휩싸이는 무영, 감정이 격해지며

무영 ..그곳에서 대체 무슨 짓을 꾸미고 있는 거요.
대답해 보시오!

조학주, 그런 무영을 가만히 바라보는데..
순간 민가 밖에서 들려오는 말발굽 소리들.
굳은 눈빛으로 문 쪽을 바라보는 무영,
검을 빼 들고 방문을 열고 나서는데..

38 D, 민가 마당

검을 빼 들며 문을 열고 나서던 무영의 가슴팍에 꽂히는 화살.
마당을 비추면 범팔과 죽산 부사, 그리고 지방군 수십 명이 활시위에 활을 메긴 채 무영을 겨누고 있다.
서비, 놀라서 비명을 지르고..
믿기지 않는 듯 자신의 가슴팍에 꽂힌 화살을 내려다보던 무영..
다시 한 발을 내딛는데 또다시 날아오는 화살들이 무영을 꿰뚫는다.
'쿵' 쓰러지며 마당으로 굴러떨어지는 무영.
서비, '안됩니다!!' 외치며 달려나와 무영을 감싼다.
고슴도치처럼 활에 맞은 채 피를 흘리며 죽어가는 무영을 놀라고 안타까운 마음에 바라보는 서비. 상처를 어떻게든 해보려 하지만,
한두 군데가 아닌 상처에 어찌할 바를 모르는 서비의 모습 사이사이 '영상대감을 뫼셔라!' 죽산 부사의 외침과 함께 조학주를 부축해 나오는 지방군들의 모습, 조학주를 좌거에 태우는 모습 보여지고..
죽어가는 무영을 내려다보는 서비. 어찌할 방법이 없다. 무력감에 휩싸여 붉게 물든 눈빛으로 무영을 내려다볼 뿐이다.

서비 나으리...

'서둘러야 한다!' 다급한 말투로 지방군들을 지휘해 조학주를 좌거에 태운 뒤, 서비와 무영 쪽을 바라보는 범팔. 죄책감에 가득한 눈빛으로 무영을 쳐다도 보지 못한 채 서비에게

범팔 서비야.. 그것이 큰아버님께서 이리 명하셔서..

어쩔 수 없었다..

그러나 서비의 시선, 서서히 죽어가는 무영에게만 꽂혀 있다.

범팔　서비야.. 같이 가자. 같이 가지 않는다 하면 너도 죽이실 것이다.

무영, 서서히 흐려지는 시야로 서비를 보다가..
자신의 손에 들려 있던 소목을 서비의 손에 쥐여주며

무영　(들릴 듯 말 듯) 가거라.. 가서.. 알아내.. 꼭.. 알아내거라..

서비, 그럼에도 쉽게 일어나지 못한다.

범팔　..(답답하고 안타까운) 서비야..

슬픈 눈빛으로 그저 가만히 앉아 있는 서비에게 무영, 다시 한번 말한다.

무영　...가거라.. 어서..

서비, 슬픈 얼굴로 무영을 내려다보다가 일어서서 범팔에게 간다.

범팔　서..서비야..
서비　가시죠.. 나으리를 따르겠습니다.

앞장서서 말을 향해 걸어가는 서비. 그 뒤를 따르는 범팔.

하나둘씩 말에 올라타는 군사들. 범팔의 뒤에 올라타는 서비.

좌거도 말들도 하나둘씩 출발하기 시작한다.

서비, 떠나기 전 마지막으로 걱정스런 떨리는 눈빛으로 무영을 뒤돌아 보다가 다시 고개 돌려 멀어진다.

멀어지는 일행을 흐려지는 시야로 바라보는 무영의 모습에서..

39 D, 한양 전경

40 D, 궁궐 일각, 중궁전 행각 협문

행각 협문을 지키고 있는 중궁전 내금위들.

빠르게 협문을 향해 다가오는 민치록을 비롯한 어영 군관들을 보고 낯빛 굳으며 막아선다.

중궁전 내금위장 무슨 일이십니까?

민치록 (품에서 신부를 꺼내 보여주며) 중궁전 행각에 급히 확인해야 할 일이 있다.

중궁전 내금위장 그 어떤 일이 있어도 외인의 출입은 아니됩니다.

민치록 본전도 아닌 행각의 출입까지 막는단 말이냐.

중한 죄를 밝힐 증거를 찾고 있다. 비키거라.

41 D, 중궁전 행각 일각

'쾅' 문 열리며 행각 마당으로 들어서는 민치록 일행.
행각 한켠 방 앞에 놓여져 있는 가마 세 채를 발견하고 멈칫했다가 곧바로 뚜벅뚜벅 그 방을 향해 다가가는데.
뒤쪽에서 들려오는 중궁전 상궁의 음성.

중궁전 상궁 이게 무슨 짓입니까!

민치록 일행 뒤돌아보면 소식을 듣고 달려온 듯 초조한 기색이 역력한 중궁전 상궁이다. 다가와 민치록의 앞길을 가로막으며

중궁전 상궁 중전마마께서 출산을 앞두고 계신데 이리 소란을 피우시고도 무사할 것 같습니까?

민치록 어젯밤, 궁궐 동문을 지키던 숙위군들에게 물으니 인정 즈음에 세 채의 가마가 중궁전으로 들었다 하였다.

중궁전 상궁 (눈빛 흔들리는) 아기씨가 태어나면 젖을 물릴 유모들을 데리고 들어왔습니다.

민치록 그래, 네가 그리 말하여서 가마 안에 누가 탔는지 확인도 없이 들여보냈다 했다. 허나 난 그 가마에 진짜 누가 탔는지 확인해 보아야 겠다.

중궁전 상궁 유모들이 탔다 하지 않습니까!

중궁전 상궁을 밀친 뒤 방문으로 다가가는 민치록.
'쾅' 방문을 열어제끼는데 순간 놀라 멈칫한다.

방 안, 유모로 보이는 중년의 여인네 셋이 겁먹은 눈빛으로 앉아 있다.
믿기지 않는 눈빛으로 바라보는 민치록.
뒤쪽에서 그런 민치록을 보며 보일 듯 말 듯 미소짓는 중궁전 상궁.

42 D, 궁궐, 복도 일각

굳은 표정으로 내금위 집무실을 향해 걷고 있는 좌의정, 우의정, 병판을 비롯한 대신들. 저 앞쪽 내금위 집무실 앞에 서 있는 내금위들, 다가오는 대신들에게 목례한 뒤, 집무실 문을 연다.
열린 문을 통해 집무실로 들어서는 대신들.

43 D, 내금위 집무실

집무실 안, 포박당한 어영청 군관들 바닥에 앉혀져 있고,
어두운 낯빛의 민치록은 의자에 앉아 있고 맞은편에는 중궁전 내금위장이 앉아 있다가 대신들이 들어서자, 일어서고..
병판, 체포당한 민치록 일행의 모습에 눈빛 멈칫한다.

좌의정 이게 다 무슨 일이냐?

중궁전 내금위장 산실청이 차려진 중궁전에 허락도 없이 침입한 죄로 추포하였습니다.

우의정 (기가막힌) 중전마마께서 해산중이신 중궁전에 난입했단 말이냐.
산실청에는 전하도 들어갈 수 없는 곳임을 몰랐는가?

아무리 어영청을 이끄는 어영대장이라 하여도 절대 묵과할 수 없는 중죄일세!

44 D, 중궁전, 산실

화면 가득 미소짓고 있는 계비.
맞은편, 역시 미소가 가득한 중궁전 상궁 고개 조아리며

중궁전 상궁 어영대장은 추포되었고, 내선재를 수색하던 군사들도 물러났습니다.
계비 감히 나를 건드리더니 어영청 놈들이 자기 무덤을 팠구나.
중궁전 상궁 중전마마의 지략을 그 누가 따르겠습니까.
어영청이 힘을 잃었으니 이제 마마의 앞길을 막을 자는 없을 것입니다.

계비, 서서히 웃음기가 가시며

계비 아이는 어찌 되었느냐?
중궁전 상궁 남은 임부들을 다시 내선재 별채로 옮겼습니다.
곧.. 좋은 소식이 있을 듯 하옵니다.

그런 중궁전 상궁의 모습 위로 산통 중인 김씨 부인의 신음소리가 깔리고..

45 D, 내선재, 산실

천장에 연결된 하얀 천을 붙잡고 산통 중인 김씨 부인.
산통이 점점 더해가는 듯 식은땀을 흘리고 있다.
그런 김씨 부인을 비추는 창밖의 노을

46 D, 민가 마당

노을이 내려앉는 민가 마당. 메마른 삭풍이 불어온다.
바람과 함께 마당을 천천히 비추는 화면.
핏자국만이 남아 있고, 죽어가던 무영은 사라졌다.

47 D, 강가 일각

비틀비틀.. 화살이 꽂힌 채 오던 길을 거슬러 걷고 있는 무영.
고통이 극에 달한 듯 부들부들 떨리는 몸으로 연신 넘어지면서도 마지막 안간힘을 끌어모아 한 걸음 두 걸음 붉은 핏자국을 남기며 앞으로 앞으로 나아가다가 결국 '쾅' 앞으로 쓰러진다.
일어나려 애써보지만, 더 이상 힘이 들어가지 않는다..
그런 무영의 귓가에 들려오는 말발굽 소리. 고개 들어 바라보면,
저 멀리에서 빠르게 다가오고 있는 창과 영신 일행이다.
멀리서 달려오던 창, 고슴도치처럼 화살에 꽂힌 채 피투성이가 되어 바닥에 쓰러져 있는 무영을 발견하고 눈빛 크게 흔들린다.

더욱 빠르게 말을 몰고 다가와 말에서 뛰어내려 무영에게 뛰어온다.
무영, 어떻게든 일어나 예를 갖춰보려 애써보지만 몸이 말을 듣지 않는다.
창, 무영에게 달려와 자꾸만 쓰러지는 무영의 상체를 잡으려 하는데

무영 제가 아둔하여 이 방법 밖에 몰랐습니다. 죄송합니다..

창 (안타까운) 상처가 위중하다. 무슨 방도가 없느냐?

영신과 훈련도감의 병사들 말에서 내려 가만히 바라보는데..
무영, 죽어가면서도 필사적으로 창에게 마지막 말을 건네려 애쓴다.

무영 ..내선재에 임부들이 모여있었어요..
중궁전에서 일을 꾸미고 있는 겁니다..

창 (죽어가는 무영을 어쩔 줄 모르고 바라보며) 그만.. 그만하거라.

그때 무영, 창의 손을 간절히 부여잡는다.
창, 무영을 보는데..

무영 ..내선재에.. 제 안사람이..있습니다..

창, 멈칫해서 본다.
절박함과 무력함에 휩싸인 무영의 눈빛, 붉게 물들어 온다.

무영 ...내선재에.. 그곳에.. 제 가족이.. 있습니다..
제.. 가족이.. 있습니다..

48 D, 내선재, 산실

산통이 극에 달한 듯 비명을 지르고 있는 김씨 부인.

그 옆에서 김씨 부인을 차갑게 내려다보고 있는 시즌 2 1부의 무녀.

49 D, 강가 일각

붉게 물든 눈빛으로 창을 바라보며 죽어가는 무영.

무영 ...죄송합니다.. 끝까지..저하 곁을.. 지키지 못했습니다..
정말.. 죄송합니다..

순간, 툭.. 땅에 떨어지는 무영의 손.
눈도 감지 못하고 숨진 무영을 믿기지 않는 듯.. 떨리는 눈빛으로 바라보는 창.

창 무영아..

그러나 이미 숨진 무영은 대답이 없다.

창 무영아.. 무영아!
점점 싸늘해지는 무영의 시신을 내려다보는 창..
절규와도 같은 울음을 터뜨린다.
처음으로 가졌던 친우를 마음 깊은 곳에서 우러나는 슬픔으로 보내고 있는 창과 차디찬 땅 위에서 숨을 거둔 무영의 모습 위로 차디찬 삭풍이 불어온다.

3부 끝

4부

KINGDOM2

1 N, 과거, 동궁전 서재

늦은 밤, 황촛불이 켜져 있는 서탁에 서책을 펴고 앉은 창.
졸음이 몰려오는 듯 눈을 감은 채 미동도 느껴지지 않는데..
서가 뒤쪽에서 은밀하게 이동하고 있는 검은 그림자.
서가와 서탁 사이 탁자 위에 놓여진 다과상 위 한과를 집어 든다.
무영이다. 한과를 집어 들고 소매 안으로 갈무리하려는데,
뭔가 쎄한 시선이 느껴진다. 설마.. 하는 시선으로 서탁 쪽을 바라보는데
잠든 줄 알았던 창이 가만히 이쪽을 보고 있다.
어정쩡하니 한과를 든 무영과 가만히 바라보는 창 사이,
어색한 정적이 흐른다.

–시간 경과되면

창 앞에 무릎을 꿇고 있는 무영. 창은 무슨 생각인지 가만히 내려다보고 있고.. 무영, 몸 둘 바도 모르겠고 미치겠는 얼굴로 이 상황을 어떻게 헤쳐나갈까 궁리하다가 에라 모르겠다 '쿵' 엎드리며

무영 죽을죄를 지었습니다. 제발 이번 한 번만 용서해 주십시오.

창 (보다가) 한번이 아닐텐데...

엎드린 무영의 얼굴, 이런 젠장..

창 석류에 매작과에.. 뭐가 있더라. 너무 많아 다 기억도 나지 않는구나.

무영, 이렇게 잘릴 수 없다. 최대한 처량하고 애처로운 목소리로

무영 저하! 감히 저하의 다과상에 손을 댄 죄 죽어 마땅하나..
나이 마흔이 넘어 겨우 무과에 급제할때까지 고된 삯바느질로 제 뒷바라지를 해준 제 안사람을 측은히 여겨 주십시오.

창 ...

무영 그리 어진 안사람이 뒤늦게 아이를 가져 입덧으로 고생하는데 가진 것이 없어 고기 한 점 쌀밥 한 그릇 먹이지 못한 것이 마음 아파 해서는 안 될 것을 알면서도 저하의 다과상에 손을 대고 말았습니다. 통촉하여 주시옵소서..

창, 그런 무영을 가만히 보다가

창 진정 네 안사람에게 주었느냐.

무영 어찌 저하께 거짓을 고하겠습니까.

창 ...네 안사람은 무사하냐.

무영, 엥? 이해 가지 않는 눈빛으로 자기도 모르게 창을 보는데..

창 ...앞으로는 네가 먼저 먹어보고 주거라.

무영.. 이게 무슨 말이지? 이해 가지 않는다는 듯

무영 그게 무슨 말씀이십니까?
앞으로도.. 내어 주신다는 말씀이십니까?

창, 그런 무영을 보다가 천천히 창가로 다가가 어두운 밤하늘을 바라보며

창 그렇다면 너는 내게 무엇을 줄 것이냐..

무영 ...뭐든.. 제게 있는 것이라면 무엇이건 드리겠습니다.

창, 천천히 돌아보며

창 ..내 곁에 있거라.

무영 ..익위사로서 저하의 곁을 지키는 것은 당연한 일입니다.

창 무슨 일이 생기건, 어떤 상황에 처하건 내 곁에 있거라.
..그럴 수 있겠느냐?

그늘진 창의 얼굴을 바라보던 무영.

무영 그리하겠습니다. 어떤 일이 있어도 저하의 곁을 떠나지 않겠습니다.

서로를 바라보는 두 사람의 모습에서

2 D, 현재, 강가 일각

불어오는 차디찬 바람 속에 숨진 무영을 내려다보고 있는 창.
깊은 슬픔과 무력감에 그저 현실을 잊은 듯 가만히 있는 창을 바라보는 영신과 훈련도감 병사들.
그런 병사들 중 안타까운 눈빛으로 창을 보던 훈련 군관 1 천천히 다가와

훈련 군관 1 저하.. 가셔야 합니다..
창 ...
훈련 군관 1 말씀하시지 않으셨습니까.. 조학주대감을 막아야만 한다고..

조학주의 이름에 서서히 현실로 돌아오는 창.

3 N, 한양성 남문 밖

빠른 속도로 달리고 있는 좌거.

그 옆에는 호위하는 지방군들과 범팔, 서비 말 위에서 함께 달리다가 성문 밖에 도착해 멈춘다. 지방 군관 1, 성벽 위 숙위군들을 향해 '영상대감이시다! 성문을 열거라!' 외치고..
범팔은 조학주가 걱정되는 듯 멈춘 틈을 타 좌거로 향해 문을 열면 안에는 병세가 악화된 듯 의식을 잃은 조학주와 서비다.
서비, 범팔에게 다급히

서비 병세가 위중합니다! 어서 병자를 옮겨야 합니다.

4 N, 조학주의 집, 방 안

이불 위에 조학주를 눕히는 범팔. 그 옆으로 다가와 조학주의 맥을 잡아보는 서비. 그 뒤쪽으로는 하인들이 겁먹은 얼굴로 조학주의 목에 난 상처를 보고 있다.

범팔 어떠하시냐?

조학주의 병세가 더욱 나빠진 듯 맥을 잡는 서비의 눈빛 흔들리는데..
순간, 조학주 점차 숨이 막혀오는 듯 괴로워한다.

범팔 (당황해) 큰아버님. 괜찮으십니까?
(서비를 향해) 서비야. 어떻게 좀 해다오. 침이건 약재건 무엇이건 갖다주겠다.
서비 ..침도 약재도 근본적인 해결책이 아닙니다.

범팔 허면 이대로 돌아가시게 놔두겠다는 것이냐.

서비 역병 환자에게 물려 생긴 병입니다. 분명 역병의 증상 안에 병자를 살릴 수 있는 방법이 있을 것입니다.

괴로워하는 조학주를 바라보는 서비, 어떻게든 방법을 생각해내려 한다.

서비 ...이지를 상실하고 사람의 살과 피 냄새만을 쫓았습니다. 불과 물을 두려워하고, 짐승처럼 변했어요.

–인서트

–동래 관아, 지율헌 외곽, 갈대밭 등 사람을 공격하는 괴물들의 여러 모습들 빠르게 보인다.

–시즌 1 3부 11씬, 동래, 해가 뜨면 빠르게 찬 곳으로 이동하던 괴물들

–지율헌 대청마루 밑, 지율헌 외곽 바위 아래 죽은 듯 잠자고 있던 괴물들. 그런 모습 위로

서비(소리) 온도에 민감하여 해가 떠 더워지면 찬 곳으로 들어가 잠이 들었고 불을 두려워했어요.

–다시 방 안으로 돌아오면 조학주, 더욱 숨이 막혀오는 듯 괴로워한다.
범팔 당황해 '서비야!' 부르며 어찌할 바를 모르고..
서비 역시 어찌할 바를 모르는데.. 그러다가 문득 뭔가가 뇌리를 스치는 듯 눈빛 멈칫한다.

–인서트

–시즌 2 1부 13씬, 언골에서 물 건너에서 자신들을 노리던 괴물들.

–다시 방 안으로 돌아오면

서비　그다지 깊지도 않은 물이였는데, 역병환자들은 그 물도 건너지 못했어요.. 불은 온도 때문이었다면.. 물은 왜 그리도 무서워했던 걸까요..

서로를 바라보는 범팔과 서비의 모습에서..

5　N, 목욕간

물이 가득 담긴 커다란 목간통 안에 소복 차림의 조학주를 조심스럽게 들여놓는 하인들, 조학주가 미끄러지지 않도록 자세를 바로잡아준 뒤 한쪽으로 물러난다.

범팔　(불안한) 이게 정말 효험이 있겠느냐?

서비　저도 모르겠습니다..허나 이리 해보는 것 말고는 달리 방도가 없습니다

범팔과 서비, 긴장한 얼굴로 조학주를 보는데..순간 발작하듯 몸을 떨기 시작하는 조학주..호흡마저 거칠어지며 금방이라도 숨이 끊어질 듯 보인다.

범팔 (놀란) 서..서비야! 뭔가 잘못된 거 같다!

서비 역시 당황해서 발작하는 조학주를 진정시키려 어깨를 부여잡아 보지만, 발작을 막기는 역부족이다.

범팔 (하인들을 향해) 뭐 하느냐 어서 큰아버님을 밖으로..

하는데, 순간 뭔가를 발견한 서비가 다급하게 외친다.

서비 잠시만요!

범팔, 무슨 일인가 싶어 서비의 시선을 따라 목간통 안을 보는데..
보면, 물속에 잠긴 조학주의 얼굴과 목을 따라, 살갗 아래에서 뭔가가 불룩하게 자리를 옮기며 움직이고 있다. 범팔 잘못 봤나 싶어서 눈을 껌벅이며 다시 살피는데 목을 타고 움직이던 무언가, 물렸던 조학주의 상처 부분을 뚫고 튀어나와 물을 유영하기 시작한다. 하얀 실같이 생긴 벌레다. 서비도, 범팔도 다들 믿기지 않는 듯 그런 모습을 지켜보는데..
벌레가 빠져나오자 발작을 멈추는 조학주.
믿기지 않는 광경에 다들 놀라 그저 바라보는데..
가장 먼저 정신을 차린 서비, 물 안에 잠긴 조학주의 몸을 바로 세운 뒤 코에 손을 대어 숨을 확인해본다..

서비 숨이 돌아오셨습니다.

놀라 조학주와 물 안을 유영하는 벌레를 바라보는 서비와 범팔의 모습 위로 구리종 소리가 울려퍼지기 시작한다.

6 N, 내선재 산실

아까까지 출산 중이던 김씨 부인도 무녀도 사라진 텅 빈 방 모습 위로 들려오는 구리종 소리.

7 N, 빈청

구리종 소리에 놀라 고개 드는 대신들.
희열에 가득 찬 눈빛으로 일어서는 좌의정

좌의정 ..이 소리는..
우의정 ...왕자아기씹니다.. 중전마마께서 왕자아기씨를 출산하신 겁니다!

8 N, 중궁전 뜰

중궁전 처마에 걸린 구리종을 치고 있는 손에서 서서히 빠지면 구리종을 치고 있는 중궁전 상궁.
건물 안에서 들려오는 갓난아기의 울음소리.

9 N, 중궁전 산실

계비의 품에 안긴 채 갓난 사내아이가 울음을 터뜨리고 있다.

그런 아이를 내려다보는 계비의 입가에 서서히 그려지는 미소.

10 N, 중궁전 마당

기쁨에 찬 눈빛으로 다가오고 있는 대신들.

중궁전 앞에 다다르자, 무릎을 꿇고 고개를 숙여 예를 표하며

'중전마마! 왕자마마의 탄생을 경하드립니다!'

'경하드립니다!' '이 나라의 광영이옵니다. 감축드립니다!'

'감축드립니다!'

기쁨에 찬 대신들의 하례 인사가 계속되는 가운데..

천천히 다가와 멀리서 그런 대신들을 바라보는 병판의 어두운 눈빛.

11 N, 내선재

어둠에 휩싸인 내선재 후원.

정원 한켠, 바닥에 내려놓은 낮은 호롱 등불 불빛에 의존해서 땅을 파고 있는 장정들. 그 옆쪽으로는 피투성이의 임산부들의 시신과 김씨 부인이 눕혀져 있다. 그때 저 멀리에서 들려오는 바스락 소리. 놀라서 주변을 두리번거리는 장정들. 귀를 기울여보지만, 그저 조용하기만 하다.

장정 1　(다른 장정들에게) 서두르게. 해가 뜨기 전에 마무리 지어야 하네.

더욱 속도를 높여 땅을 파기 시작하는 장정들.
순간, '휙' 소리와 함께 날아든 비도에 장정 하나가 쓰러진다.
놀라 삽을 들고 주변 경계하는 장정들.
뒤이어 날아든 화살에 또다시 하나둘씩 쓰러지기 시작하고..
장정들이 모두 쓰러진 뒤 장내로 날아드는 인영들.
영신을 비롯한 훈련도감 병사들, 그리고 창이다.
다급히 다가가 피투성이가 된 임산부들을 살피는 영신.
낯빛 어두워지며 창에게

영신　좌익위 나으리의 말씀이 맞았습니다.
모두 만삭의 임부들이에요.

창, 굳은 시선으로 임부들을 바라보는데 놀라서 멈칫한다.
보면 임산부들의 시신 사이 놓인 김씨 부인의 손가락이 까딱 움직인다.
영신 역시 놀라 다른 임산부들의 시신을 옆으로 치우고 김씨 부인의 호흡을 확인해본다.

영신　아직 살아있습니다

굳은 눈빛으로 김씨 부인을 바라보는 창의 모습에서...

12　D, 빈청

좌의정, 우의정, 병판을 비롯한 대감들, 모여앉아 회의 중이다.
좌의정, 병판을 보며

좌의정　그게 무슨 말씀입니까? 중전마마의 사가에서 살인사건이 벌어졌다구요?

병판　보통 살인사건이 아닙니다. 임산부 넷이 죽었고, 갓난 여아들의 시신도 발견됐습니다.

놀라 보는 대신들.

병판　범인이 누군지, 왜 그런 끔찍한 일을 저질렀는지 밝혀지지 않았지만 확실한 건.. 중궁전이 이 사건과 관련이 있으며 범인이 노린 건 갓 낳은 사내아이라는 겁니다.

13　D, 빈청 밖 복도

햇살이 쏟아지는 복도를 걸어오는 조학주의 발걸음.
그 뒤를 따르는 절도 있는 내금위들의 발걸음들.

14　D, 빈청

설마 하는 눈빛으로 서로를 바라보는 대신들.

우의정　설마 중궁전에서 근본도 모르는 미천한 것을 원자로 세우려 하셨단 얘깁니까? 말도 안 되는 얘깁니다. 그 생각만으로도 불경죄에요!

병판　만약 사실이라면 이건 이 나라의 근간을 뒤흔드는 일입니다. 어영대장은 이 사실을 확인하기 위해 산실청에 든 거예요.

그때, '쾅' 소리와 함께 드르륵 열리는 문.
대신들 놀라 보면, 당당한 재상의 모습으로 돌아온 조학주가 들어서고 있다. 그 뒤를 이어 들어서는 내금위들. 대신들이 앉은 탁자를 둘러싸듯 도열한다.
놀라 바라보는 대신들.

좌의정　영상대감, 새재에서 언제 올라오신 것입니까?

조학주, 대답 없이 병판을 바라보며

조학주　확증이 있습니까?

병판, 쉽게 입을 열지 못하는데..

조학주　확증이 있는지 물었습니다!

조학주의 기에 눌린 듯 시선 회피하는 병판.

조학주 확증도 없으면서 이 나라의 국모께서 해산 중인 산실청에 들었단 말입니까! 감히 전하도 들지 못하는 산실청을 더럽힌 죄, 나아가 이 나라의 왕실과 종묘사직을 우롱한 불경죄로 어영대장을 참해야 마땅할 것입니다

병판 (소스라치게 놀라며) 아니 될 말씀입니다. 어찌 그만한 일로 종이품 무관을 참한단 말입니까!

'쾅' 탁자를 내리치는 조학주.

조학주 그뿐이 아닙니다. 새재로 내려간 훈련대장과 훈련도감 병사들 대역죄인 창에게 넘어갔어요.

놀라서 바라보는 병판과 대신들.

병판 대체 그게 무슨 말씀입니까. 훈련도감 병사들이 왜 무슨 이유 그런 짓을 저지른 것입니까?

조학주 지금 중요한 건 그게 아닙니다. 그들의 칼날이 우리를 노리고 있어요.

한시라도 빨리 그들의 죄를 벌해 나라의 기강을 세워야 합니다.

조학주, 겁먹은 대신들을 둘러보며

조학주 대역죄인과 뜻을 같이한 그들 역시 대역죄인.

그들의 가족, 친척을 비롯해 삼족을 부대참시해 본보기를 보여야 마땅 할 것입니다!

병판 진상도 파악하지 않고 그들을 참할 순 없습니다!

순간, 일제히 검을 검집에서 빼 드는 내금위들.

흠칫 놀라 물러서는 병판, 다른 대신들 역시 눈빛에 두려움이 감돈다.

차가운 눈빛으로 대신들을 바라보는 조학주

조학주 이 나라의 안위를 위한 일입니다.
이견이 있으십니까?

내금위들의 칼날 앞에 겁에 질려 입을 열지 못하는 대신들의 모습에서..

15 D, 몽타주

-한양성, 양반가. '쾅' 문이 열리며 뛰어드는 내금위들.

방 안의 노모를 비롯해 식솔들을 거친 손짓으로 끌어낸다.

순식간에 아비규환이 되는 집안.

-한양성, 양민이 사는 민가로 뛰어드는 내금위들.

울부짖는 꼬마 아이들과 갓난아기를 업은 엄마, 늙은 할아버지 등을 닥치는 대로 끌어낸다.

16　D, 한양성 일각, 저잣거리

울부짖으며 포박된 채 끌려가는 위 씬 몽타주의 양민들을 비롯한 백성들.
울고 있는 갓난아기를 업은 엄마, 꼬마 아이들, 힘없는 노인들마저도 사정없이 매질을 하며 의금부로 끌고 가고 있는 내금위들.
길가에서 그런 모습을 겁먹은 눈빛으로 바라보는 백성들.
그 사이에서 끌려가는 사람들을 바라보는 서비와 범팔.
범팔, 무섭고 두려운 눈빛으로 끌려가는 사람들을 애써 외면하며

범팔　서비야. 어서 가자.

서비　(참담한 표정으로 끌려가는 사람들을 보며) 왜.. 저들이 역적입니까?

범팔　...(말문이 막힌다)

서비　저들도 새재의 군사들도 역적이 아닙니다.
나으리도 잘 아시지 않습니까?

범팔　말조심 하거라. 큰아버님이 얼마나 무서운 분인지 모르느냐.

범팔, 안타깝게 끌려가는 이들을 바라보는 서비를 보며 말머리를 돌리려는 듯 저 앞쪽의 약방 거리를 바라보며

범팔　어서 가자. 저 앞이 약방이다. 약재를 사야 한다 하지 않았느냐.

서비, 범팔이 채근하자 어쩔 수 없이 몸을 돌리려다가 약방 거리 앞에서 끌려가는 사람들을 지켜보는 인파들 너머 이쪽의 서비를 발견한 듯 눈이 마주치는 보부상 행색의 사내를 보고 멈칫한다. 눌러쓴 패랭이 아래 보이는 낯익은 얼굴, 영신이다. 서비와 시선 마주치자, 모자를 눌러쓰며

고개 돌려 뒷골목 쪽으로 사라지는 영신. 서비, 놀라 부르려다가 범팔에게 들킬까 멈칫하다가..

서비 약재는 저 혼자 사서 돌아갈 터이니 먼저 돌아가 계십시오.

범팔, 대답할 새도 없이 사람들 틈에 끼어 사라지는 서비.
범팔, 놀라서 서비가 사라진 쪽을 바라보는..

17 D, 저잣거리 뒷길

으슥한 골목 쪽으로 뛰어드는 서비, 영신을 찾는 듯 주변을 두리번거리면서 점점 골목 안쪽으로 들어서는데 누군가 샛길 쪽에서 서비를 잡아끈다. 놀라서 보면 조용하라는 듯 입가에 손가락을 갖다 대는 영신이다.

18 N, 한양성 인근 서원 외경

겨울 산, 한편에 위치한 서원. 유생들이 끌려가고 버려진 듯,
여기저기 황폐해져 있다. 그런 서원 한 곳, 불빛이 비춰지는 방.

19 N, 서원, 방 안

버려진 지 오래되어 벽지도 뜯어지고 남루한 방 안이지만,

최대한 치운 듯 깔끔하게 정리된 방 안.

한편에 깔린 이부자리 위 혼절한 채 식은땀을 흘리며 신음하고 있는 김씨 부인. 옆에서 그런 김씨 부인을 간호하고 있는 서비.

붕대를 감고 식은땀을 닦아주는데 혼미한 상태에서도 아기가 생각나는 듯 괴로워하는 김씨 부인

김씨 부인 내 아기.. 내 아기를.. 데려갔습니다..

그런 김씨 부인을 안타깝게 바라보는 서비.

20 N, 서원, 방 밖

방문을 열고 나오는 서비, 마당에 서 있는 창의 뒷모습을 발견하고는 멈칫하다가 신을 신고 걸어와 창의 뒤에 선다.

창 (인기척을 느끼고 뒤돌아 서비를 보다가) 어떠하냐..

서비 고비는 넘겼지만 충격이 크신 듯 합니다..
그런데 저분은 누구십니까?

창 ...좌익위의 가족이다..

눈빛 가라앉는 창을 바라보는 서비의 눈빛 역시 어두워지는데..

창, 잠시 생각하다가

창 조학주가 살아났다 들었다..

서비, 창을 보다가 소매에 갈무리해놓은 무명천을 꺼내 펼쳐 창에게 건넨다. 물 밖에 나와 말라 비틀어진 듯한 흰 실벌레다.

창 이것이 무엇이냐?

서비 ..충증입니다...

서비, 소매 안에서 생사초를 꺼내 풀잎들 뒤에 붙은 깨알같이 검은 것들을 창에게 보여준다.

서비 생사초에 붙은 이 검은 것들은 이 벌레의 알이었어요..
그것이 사람 몸속에 들어가 충으로 부화해 죽은 자를 되살렸던 겁니다..

창, 멈칫해 서비 보며

창 원인을 알아냈다면 역병을 다스릴 방도도 알아냈느냐?
상주의 백성들을 구해야 한다.

서비 (눈빛 어두워지며) 송구합니다. 아직 거기까진 알아내지 못했습니다.

창, 역시 눈빛 어두워지며 벌레를 허탈하게 내려다본다.

창 ...고작 이 작은 벌레였구나..
사람들을 죽이고 경상땅을 뒤엎고 이 나라의 왕실을 뒤흔든 것이 고작.. 이 작은 벌레였어...

어둡고 공허한 눈빛의 창을 안타깝게 바라보던 서비.

서비 ...괜찮으십니까..
동래에서 이곳까지 너무 많이 다치셨습니다...

창 ...나보다 더 다친 이들이 많다.
...앞으로 더 많은 이들이 다치게 되겠지. 난 그것을 막을 것이다..

고개를 돌려 똑바로 서비를 바라보는 창.

창 그러기 위해 네가 해주어야 할 일이 있다.

자신을 바라보는 창을 의아한 눈빛으로 보는 서비의 모습에서.

21 N, 서원 밖(오미트)

22 N, 한양성, 사대부가 앞

열린 문을 통해 부다다 뛰어나오는 범팔.
문밖에는 기다리고 서 있던 서비 앞으로 달려와

범팔 대체 무슨 약초를 구하러 갔길래 이제 온 것이냐.

서비 (보다가) 나으리.. 청이 하나 있습니다.

서비를 의아하게 바라보는 범팔.

23 N, 조학주의 집, 방 안.

조학주의 앞에 무릎을 꿇고 앉아 있는 범팔과 그 뒤쪽에 엎드려 있는 서비.
조학주 두 사람을 보다가

조학주 중전마마의.. 의녀가 되고 싶다..

서비, 긴장감에 눈빛 미미하게 떨려오고..

범팔 이 의녀가 큰아버님을 살렸습니다. 공이 매우 크니
그 청을 받아들여 주십시오.

조학주, 가만히 서비를 보다가 일어선다.

조학주 안 그래도 중전마마를 뵈러 갈 참이었는데 잘 되었다.
따라나서거라.

서비, 눈빛에 더욱 긴장감이 감돈다.

24 D, 중궁전 내실

계비. 비단보에 감싸인 채 품에 안긴 채 쌔근쌔근 자고 있는 갓난아기를 흐뭇한 미소로 바라보고 있는데..

중궁전 상궁(소리) 마마, 영상대감께서 납시었습니다.

계비의 입가에 미소가 가신다. 천천히 고개 들고

계비 드시라 하여라.

문 열리며 천천히 들어서는 조학주. 가만히 계비를 바라본다.
조학주 뒤에는 긴장한 듯한 서비.
계비, 함박 미소를 지으며 조학주에게

계비 건강이 좋지 않으시다 하여 걱정하던 차였습니다.
쾌차하신 것입니까? 새재의 일은 잘 마무리 되셨구요?

대답 없이 가만히 계비의 품에 안긴 아기를 바라보는 조학주.
조학주의 뒤에 선 서비 역시 흔들리는 눈빛으로 아기를 바라보고..
계비, 아기를 바라보는 조학주의 시선에 아기의 얼굴을 보여주며

계비 원자입니다. 건강하고 영명하신 원자에요.

아기를 가만히 바라보는 조학주와 들뜬 미소로 조학주를 바라보는 계비.

-시간 경과되면

다과상을 사이에 두고 마주 앉아 있는 조학주와 계비.

서비는 조금 떨어진 곳에 앉아 있고..

계비 훈련도감 군사들의 삼족을 참 하신다구요. 잘하셨습니다. 감히 대역죄를 지은 세자의 편을 들다니 죽어 마땅한 죄인들입니다.

조학주, 차 한 모금을 마시고 내려놓으며

조학주 그들은...창을 잡을 미끼일 뿐이다.

서비, 놀라 조학주를 바라본다.

조학주 진짜 죽을죄를 지은 죄인은.. 따로 있지.

계비, 의아한 눈빛으로 조학주를 본다.

조학주, 그런 계비를 가만히 보다가

조학주 나와 함께 온 아이는 의술이 꽤 쓸 만한 아이다. 출산을 하느라 건강을 해쳤을까 저어되니 진맥을 받아보도록 하거라.

계비, 눈빛 눈에 띄게 흔들린다.

서비 역시 예상치 못한 상황에 놀라 바라보는데..

계비　　어찌 저런 천것에게 제 몸을 맡긴단 말입니까.

조학주　　(시선은 계비를 바라보며 강한 어조로)

무엇하느냐. 진맥을 해보라 하였다.

계비　　아버님!

조학주, 순간 쾅 일어나서 서비를 일으켜 세워 계비의 앞쪽에 거칠게 앉힌다.

조학주　　맥을 잡거라! 어서!

계비, 분노하여 부들부들 떨리는 눈빛으로 조학주를 본다.

조학주, 일어선 채 한 치의 흔들림도 없는 차가운 눈빛으로 계비를 내려다본다.

서비, 역시 조학주의 생각이 뭔지 가늠이 안 되어 혼란스럽기만 한데..

조학주　　두려울 게 없다면 진맥을 받거라..

계비, 부들부들 떨리는 눈빛으로 조학주를 보다가 손목을 서비 쪽으로 뻗는다.

서비, 하얀 계비의 손목을 보다가 천천히 맥을 짚는다.

그러다가 눈빛 멈칫.. 예상은 했지만 충격으로 손이 떨려온다.

조학주　　얘기하거라.

서비　　....삽맥이 잡히지 않습니다..

조학주　　그게 무엇을 뜻하느냐...

서비, 조학주를 보다가

서비 …저.. 아이는 중전마마의 아이가.. 아닙니다..

계비, 그저 차갑게 식은 얼굴로 앉아 있을 뿐이다.
계비를 내려다보는 조학주의 눈빛에 경멸이 가득하다.

조학주 언제부터였느냐..

25 D, 과거, 동장소

손목의 맥을 짚는 손에서 화면 빠지면, 창백한 계비의 맥을 짚고 있는 어의녀와 그 뒤편의 어의, 그리고 범일이 앉아 있다. 가장 뒤쪽 문가에는 중궁전 상궁.

범일 어찌 된 것이냐?
어의녀 (쉽게 입을 열지 못하다가) 그것이..
..척맥과 태맥이 잡히지 않습니다..

어의의 낯빛 무섭게 굳는다.

범일 그것이 무슨 소리냐? 설마.. 뱃속의 용종을 잃으셨단 말이냐?

어의녀, 부들부들 떨며 바닥에 납작 엎드린다.

어의녀 죽여주십시오.

차갑게 굳는 범일의 눈빛. 계비 역시 충격에 손이 바들바들 떨려온다.

범일. 순간 분을 참지 못하겠는 듯 검을 빼 든다.

범일 대체 중전마마의 수발을 어찌 들은 것이냐!

바짝 엎드리는 어의와 중궁전 상궁

어의 송구하오나 중전마마의 충맥과 임맥이 워낙 허하여서 모든 방법을 간구해 받들었으나 소용이 없었습니다.

범일. 부들부들 떨며 그런 어의와 어의녀를 내려보다가 계비를 본다.

범일 아이 하나 낳는 것이 그리도 힘들었느냐.

범일. 혀를 차며 검을 검집에 넣고 뒤돌아 나가려는데..

계비 낳으면.. 되는 것 아닙니까.

멈칫해 뒤돌아보는 범일. 계비. 눈빛 번득이며

계비 아들을.. 낳을 것입니다. 그리하면 됩니다.

범일 (기가 찬) 설마.. 거짓 회임이라도 하겠다는 것이냐?

궁궐의 수많은 눈과 귀를 어찌 속이겠다는 것이냐.

말도 안 되는 생각 집어치우고 다시 회임할 수 있도록 몸이나 추스리거라.

계비 전하의 춘추 지천명이 넘으셨습니다.

또 다시 회임을 하기 전에 붕어하신다면요?

범일 (멈칫해서 본다)

계비 그리도 싫어하는 세자가 왕위에 오르는 것을 보고 계실 것입니까?

범일의 눈빛, 차갑게 가라앉는다.

계비 회임을 한 뒤에는 전하도 제 몸에 손을 댈 수 없습니다.

중궁전을 지키는 내금위와 궁녀들..

그리고 우리만 입을 다문다면 가능합니다.

어의와 어의녀, 중궁전 상궁 놀라 더욱 납작 엎드리며 바들바들 떨기 시작하고..

범일, 계비를 가만히 바라보는 모습에서..

26 D, 현재, 중궁전 내실

조학주, 가만히 계비를 바라보다가 천천히 입을 연다.

조학주 넌 어렸을 때부터 그러했다..

천성이 간악하고 교활했으며 어리석기 그지없었지.

계비의 눈빛, 차가워진다.

조학주　어리석은 너 하나 때문에.. 니가 저지른 어리석은 짓 때문에 해원 조씨 가문이 무너질 뻔하였다..

계비　아뇨.. 제가 지킨 것입니다.

조학주　(기가 막힌 듯 바라보는) 뿌리도 모를 천한 핏줄로 무엇을 지킨단 말이냐.

내가 만들려는 나라는.. 그런 나라가 아니다.

계비　(노한 눈빛으로 바라보며) 그래서요..

창을 살려 이 아이 대신 왕으로 삼으실 생각이십니까?

조학주　..강화도에 유배됐던 노성군의 후손이 살아있다.

방계 중의 방계이나 적어도 저 천한 것보다는 낫겠지.

계비의 눈빛, 점점 더 노기로 차가워진다.

조학주, 잠든 아기를 차갑게 보며

조학주　저 천한 것은 오늘 죽일 것이다.

그뿐이 아니지. 이 일에 대해 알고 있는 모든 사람들.

중궁전 상궁들, 내금위들, 저 의녀까지 다 죽일 것이다.

그리고 넌 아기를 잃은 슬픈 대비가 되어 서궁에 유폐되어 평생을 보내게 될 것이다.

조학주, 차갑게 계비와 아이를 보다가 뒤돌아 문을 향해 걸어간다.

서비, 조학주의 시퍼런 서슬에 겁에 질려 엎드려 있고,

계비, 그저 차가운 눈빛으로 조학주를 바라보는데..

걸어가던 조학주, 이상한 느낌이 드는 듯 순간 멈춰 선다.

그런 조학주의 뒷모습을 바라보는 계비의 눈빛에서..

–인서트

중궁전 내실. 25씬에 이어지는..

가만히 계비를 내려다보던 범일.

범일　　아버님께서는 해원조씨의 핏줄이 아닌 아이를 절대 인정하지 않으실 것이다.

계비　　..그러니 아버님께는 비밀로 해야죠.

범일　　..만일 아신다면?

범일을 말없이 차갑게 바라보는 계비의 눈빛.

–다시 현재로 돌아오면

멈춰 섰던 조학주의 입가에서 한 줄기 피가 흘러내린다.

차갑게 조학주를 바라보는 계비.

눈빛 흔들리며 문을 향해 한 걸음 내딛던 조학주.

순간 쾅 무너지며 바닥에 쓰러진다.

서비. 놀라 충격에 빠진 눈빛으로 바라보는데..

흔들림 없이 일어나 쓰러진 조학주에게 천천히 다가서는 계비.

계비　　제가 계집이란 이유만으로 언제나 경멸하고 무시하셨죠.

그 하찮았던 계집아이가 이제 모든 것을 가질 것입니다..

점차 호흡이 가빠지는 조학주. 어떻게든 문을 향해 기어가려 애쓰지만.

몸이 말을 듣지 않는다.

뒤쪽에서 겁에 질려 그런 모습을 지켜보는 서비.

문을 향해 부들부들 떨리는 손을 뻗어보는 조학주.

그때 밖에서 천천히 문이 열린다.

밖에 서 있던 중궁전 상궁 1, 2. 죽어가는 조학주를 보면서도 전혀 미동이 없다.

그 모습에 희망의 불씨가 꺼진 듯 기력이 떨어지며

'쿵' 바닥으로 떨어지는 손..

피를 흘리며 바닥에 쓰러져 죽어가는 조학주에게 다가가 나지막이 얘기하는 계비.

계비 이제.. 해원조씨 가문도.. 이 나라도.. 모두 제 것입니다..

계비도 중궁전 상궁들도 모두 차가운 눈빛으로 죽어가는 조학주를 내려다보고 있다. 그런 모습을 지켜보는 서비의 눈빛에 환멸과 공포가 함께 깃든다..

그리고.. 마지막 숨을 들이마시고는.. 결국 숨을 거두는 조학주.

27 D / N, 몽타주

–궁궐 일각. 들것에 실린 채 흰 천에 덮인 조학주의 시신이 중궁전에서 실려 나온다. 소문을 듣고 달려온 대신들. 그 모습에 놀라 멈춰 서고..

–소식을 듣고 뛰어온 듯 궁궐 협문 밖에서 시신을 수레 위에 조심히 싣는 범팔과 하인들. 범팔은 큰아버님의 죽음이 마음이 아픈 듯 눈물이 그렁그렁하다. 수레에 싣고 말을 몰아 천천히 사가로 향하는 범팔과 하인들.

-저잣거리에 선 백성들, 조학주의 시신이 실린 수레를 혹자는 굳은 눈빛으로 혹자는 눈물을 지으며 바라본다. 그런 모습들 위로

백성 1(소리) 역병이었다네..

나는 새도 떨어뜨린다는 영상대감마저 역병으로 죽었어..

백성 2(소리) 전하도 돌아가시더니 영상대감까지 역병으로 돌아가셨네..

백성 3(소리) 이제 이 나라는 끝이야.. 우리 모두 죽을꺼라구..

서서히 멀어지는 조학주의 시신이 실린 수레에서 서서히 암전.

28 D, 강화도 저수지

암전됐던 화면 서서히 밝아지면, 하얀 눈으로 뒤덮인 강화도 저수지.
가끔씩 불어오는 바람에 하얀 눈가루가 무리 지어 날리는 가운데 저수지 한쪽에서 점처럼 앉아 얼음낚시를 하고있는 원유의 뒷모습.
꽤 그러고 앉아 있었던 듯 얼음 구멍 사이로는 살얼음이 끼어 있지만, 망태 안은 텅 비어 있다.
서서히 위를 비추는 화면, 가만히 낚시찌를 바라보고 있는 원유를 비춘다.
대충 올려 묶은 머리, 여기저기 해진 오래된 겉옷, 밭일에 익숙한 듯 거친 손의 40대 남이다. 원유, 골똘히 낚시찌를 바라보는 듯하다가 찢어질 듯 하품을 한다.

원유 더럽게 춥네..

다시 낚시찌를 바라보던 원유.

원유 올라믄 오고 갈라믄 가시지. 추워 죽겠는데 뭘 그리 서 있소.

원유의 뒤쪽을 비추면 가만히 원유를 바라보고 섰던 창이다.
원유의 말에 천천히 걸어 원유의 옆에 와서 앉는 창.

창 몇 시진 동안 고기 한 마리 못 잡으십니다.
원유 먹을 게 떨어진 지 오래요. 물고기라고 씨가 남아있겠소?
몇날 며칠을 기다려도 나와 주기만 한다면야 고맙지.
백성들은 먹을 것을 하늘로 삼는다는데 이놈의 나라는 개판이요.
개판.

그때, 창 어어! 하는 눈빛, 보면 낚시찌가 요동치고 있다.
역시 놀라 어어!! 다급히 낚싯줄을 잡아당기는 원유.
그러나 너무 당황한 듯 낚싯대를 놓치고 끌려가는 낚싯대.
놀라서 원유, 창 다 함께 낚싯대를 향해 몸을 날리는데 아슬아슬 겨우 낚싯대를 붙잡는 창. 원유, 다급하게

원유 돌려 돌려! 빨리!

자기도 모르게 어버버 낚싯대를 돌리는 창. 팽팽한 낚싯줄 너머로 손맛이 느껴진다. '어어어!' 낚싯줄을 따라 올라오는 물고기. 꽤 씨알이 굵은 잉어다.
'어어어!!' 흥분해서 눈 커지는 창과 원유. '놓지 마! 잘 잡아!! 놓치면 안

돼!' 난리를 쳐대며 원유, 뜰채를 갖다 대는데..
아슬아슬 낚싯대에서 떨어지는 잉어,
얼음 구멍으로 퐁 떨어지며 사라진다.
멍... 사라진 잉어와 함께 정적이 흐르는 저수지.
서로 시선 마주치는 창과 원유. 원유, '아 거 참..' 따지고 싶지만, 따져 봤자 이미 엎어진 물이다.
'으아아' 왕짜증 한번 내고는 낚싯대와 망태, 뜰채 등을 챙기는 원유.

원유 진짜 나 원 재수가 없을래니까.. 앞으로 절대 보지 맙시다!

원유, 짐들을 챙겨서 돌아서려는데 원유를 부르는 창의 낮은 목소리.

창 당숙.

멈칫하며 돌아서서 창을 바라보는 원유.

원유 뭐라 그랬소?
창 ...촌수를 따져보니 제게 당숙뻘이더군요.
원유 ....
창 잊혀진 왕족이긴 하나.. 그래도 왕족의 피는 속일 수 없나 봅니다. 백성들은 먹을 것을 하늘로 삼는다.. 한서를 읽고 계십니까?

왕족이란 말에 멈칫하는 원유, 피식 비웃으며

원유 왕족의 피? 꿈 깨시오. 그쪽 피건 내 피건 저 아래 저잣거리의 천민의 피건.. 그저 다 붉은 피일 뿐이요.

그런 원유를 가만히 바라보는 창, 굳은 얼굴로

창 당숙에겐 부질없는 일일지 몰라도.. 이 나라에선 그 피가 중요합니다.
대대로 이어온 왕실의 피가..

하얀 눈밭, 서로를 바라보는 원유와 창 사이로 불어오는 바람..
그런 두 사람의 모습을 멀리서 바라보고 있는 영신.

29 D, 길 일각

말을 천천히 몰고 한양으로 돌아오고 있는 창과 영신.
생각에 잠긴 듯 말이 없는 창을 한번 바라보는 영신.

영신 내일 훈련도감 병사들의 가족들을 참한다 합니다.

창, 말없이 걷다가 문득 말을 멈춰 서고 영신을 바라본다.

창 ...너는 왜 나를 따르는 것이냐..

영신, 가만히 창을 바라본다.

창 네 가족들 얘기를 들었다.

..가족의 복수를 위해 날 쫓은 것이 아니냐.

영신 …

창 이제 스승님도 조학주도 자신들의 죗값을 받았다..

그런데 왜 나를 따르는 것이냐?

영신, 가만히 창을 보다가

영신 쌀 한톨 고기 한 점 생겼습니까?

창 …

영신 그들이 죽었어도 세상은 똑같습니다.

여전히 배고프고 여전히 개판이에요.

창, 눈빛 어두워진다.

영신 ..저하라면 그래도 조금은 다르게 만들어 주실 수 있겠죠.

그렇지 않습니까?

담담한 눈빛으로 창을 바라보는 영신.

그런 영신을 바라보는 창의 모습에서..

30 N, 한양성 궁궐 외경

31 N, 중궁전 내실

아기를 안고서 맞은편에 고개를 조아리고 있는 범팔을 바라보고 있는 계비.

계비 나라와 가문에 큰일이 났으나 국모의 자리를 비울 수 없어 걱정이 컸는데 오라버니께서 아버님의 장례를 치러 주셨으니 고마울 따름입니다.

범팔 (고개 조아리며) 중전마마의 신하로써 당연히 해야 하는 일입니다.

계비, 미소지으며 범팔을 보다가

계비 오라버니는 맘이 약하여 언제나 제 청을 들어주셨죠.
그래서 제가 오라버님을 좋아합니다.

범팔 ..황공하옵니다.

계비 오늘도 청이 하나 있습니다. 친오라버니도 아버님도 모두 돌아가시고 이제 제 곁엔 아무도 없습니다.

범팔 (보는)

계비 오라버니를 공석이 된 어영대장에 제수하겠습니다.
내금위와 함께 내 곁에서 나와 원자를 지켜주세요.

범팔, 떨리는 눈빛으로 보다가 또다시 고개 조아리며

범팔 중전마마의 명을 받들겠습니다.

계비, 흡족한 미소를 짓는데..

범팔 저.. 마마 드릴 말씀이 하나 있습니다.
큰아버님께서 돌아가시기 전에 의녀 한 명을 중전마마께 데리고 가셨습니다. 그 의녀는 어찌 되었는지 궁금하여..

범팔을 바라보는 계비의 눈빛, 순간 차가워지지만, 다시 평소의 모습으로 돌아오며

계비 중궁전에는 어의녀가 있어 쓸모가 없을 듯 해 사가로 돌려보냈습니다.

범팔, 계비의 대답에 '아.. 예..' 고개를 조아린다..

–시간 경과되면
범팔은 사라지고 홀로 남은 계비, 서안의 서랍을 열고 서랍 안의 열쇠를 꺼내 가만히 바라본다.

32 N, 옥사 안

일렁이는 횃불에 비춰진 눈이 가려지고 입에 재갈이 물린 채 벌벌 떨고 있는 서비의 얼굴.

그 위로 들려오는 계비의 목소리.

계비(소리) 이승희의원의 제자라 들었다. 맞느냐?

서비, 겁에 질려 고개를 끄덕인다.
그런 서비에서 서서히 화면 빠지면 시즌 1 5부 24씬의 옥사 안, 한 감방에 포박된 채 갇혀 있는 서비. 감방 밖에 내금위들의 호위 속에 서서 서비를 내려다보고 있는 계비다.

계비 역병환자에 대해 많이 알고 있다 들었다.

서비, 그저 겁먹은 채 계비의 얘기를 듣고 있는..

계비 더 많이 알아내거라. 네 스승보다 더 많이 알아내야 할 것이다..

그런 두 사람의 모습에서 서서히 커지는 '크르르' 괴물들의 울음소리.
계비, 고개 돌려 옥사 저 안쪽을 바라본다.
시선 따라 보이는 옆 감방.
벽면 가득 피가 엉겨 있고, 부러진 손톱과 살점이 박혀 있는 등 끔찍한 손톱자국들. 그런 벽면에서 나무 창살 쪽으로 이동하면, 사람의 피 냄새를 맡고 광포하여 나무 창살 너머 서비를 어떻게든 잡아채려 발광하고 있는 사형수 1, 2 괴물들.
그런 괴물들을 바라보는 횃불 아래 계비의 눈빛.

계비 내 아버지가 그러했듯.. 나도 저것들을 이용해 권세를 누릴 것이다.

차갑게 서비를 보던 계비, 내금위들과 함께 옥사를 나가고..

괴물들과 홀로 남은 서비의 귓가에 괴물들의 울음소리가 점점 커져 온다.

나무 창살을 뚫고 서비의 인육을 탐하는 사형수 괴물들의 끔찍한 이빨, 손톱, 이지를 상실한 눈빛..

서비, 경상 땅의 악몽이 생각나는 듯 두려움에 휩싸여 어떻게든 포박을 풀려 애쓰는 모습에서..

4부 끝

KINGDOM2

5부

K I N G D O M 2

1 N, 한양 인근, 서원

흐린 달빛 아래 서원 마당에 도열해 있는 창과 함께 올라온 훈련도감 병사들. 저 멀리 뒤쪽에서 영신은 바라보고 있고..
병사들 무리 앞에 서서 병사들을 한 명 한 명 바라보고 있는 창.

창 내일 아침.. 의금부로 끌려간 너희들의 가족들을 참형에 처한다 한다.

-인서트
-의금부 옥사. 옥사마다 가득 들어찬 훈련도감 병사들의 가족들.

누군가는 울음을 터뜨리고 있고, 누군가는 희망을 잃고 멍하니 앉아 있다.

-다시 서원으로 돌아오면 어두운 눈빛의 훈련도감 병사들을 바라보고 있는 창.

창 ..더 이상 날 좇으면 모두가 위험해질 수도 있다..
그런데도.. 날 계속 따르겠느냐?

창을 말없이 바라보는 훈련도감 병사들의 모습.

2 N, 한양성 외곽

저 멀리 정적에 휩싸인 한양성이 보이는 관도 일각.
말에 올라탄 누군가가 한양성을 굳은 눈빛으로 바라보고 있다.
새재에 있어야 할 훈련대장 이강윤이다.
그런 모습 위로 들려오는 백성들의 통곡소리.

3 D, 한양성 안, 군기시 다리 밑 참형장

참형을 준비 중인 형리들.
한편에는 막걸리를 마시며 칼을 갈고 있는 망나니들의 모습.
그런 모습들 주위로 몰려든 백성들, 겁에 질린 모습으로 바라본다.

4 D, 한양성, 저잣거리 일각

포박된 채 참형장으로 끌려가고 있는 훈련도감 병사들의 가족들.
가장 앞에는 포박된 민치록. 그 뒤를 이은 무리들의 모습.
울음을 터뜨리며 아기만은 살려달라 외치는 엄마.
어린 손주를 품에 안고 끌려가는 할머니 등 처참하기 그지없다.
그런 모습을 거리에 서서 지켜보고 있는 백성들 사이를 뚫고 천천히 앞으로 나서는 발걸음. 어두운 눈빛의 이강윤이다.
그때 끌려가던 사람들 중 양반가의 사람들로 보이는 이강윤의 부인과 아이들. 이강윤을 발견하고 눈빛 멈칫하는데.. 아이들 중 한 명 이강윤과 시선 마주치자 '아버지' 울음을 터뜨린다.
더욱 흔들리는 이강윤의 눈빛.

5 D, 빈청

긴 탁자를 사이에 두고 마주 앉아 있는 좌의정과 우의정.
그 맞은편엔 중궁전 내금위다.

우의정 나라에 우환이 끊이지 않고 있습니다..
조학주대감마저 저리 된 마당에 참형을 미루는 것이 어떻겠습니까.

중궁전 내금위 예정대로 참형을 거행하라는 중전마마의 추상같은 명이 있었습니다.

우의정 병판의 말도 일리가 있어요. 훈련도감 병사들의 가족 중엔 양반들도 있는데 진상파악을 먼저 한 뒤에 참형을 하는 것도 늦지 않을 것입니다.

좌의정 중전마마의 명입니다. 이건 왕명이에요.

그때, 밖에서 들어서는 의금부 도사 1.

의금부 도사 1 잠시 나와 보셔야 될 것 같습니다.

6 D, 빈청 건물 마당

마당으로 나오는 좌의정, 우의정, 중궁전 내금위. 놀라 멈춰 선다. 마당에 서 있는 이강윤. 그 주위로 의금부 도사들이 검을 빼 들고 경계하며 서 있다.

좌의정 후..훈련대장이 아니요..

굳은 표정의 훈련대장 이강윤, 검을 뽑아 앞으로 던진다.

이강윤 고변을 하러 왔습니다.
...대역죄인 창이 훈련도감 병사들을 거느리고 한양성 밖 영기서원에서 지원군을 기다리고 있습니다.

힘겹게 말을 이어가던 이강윤, 털썩 무릎을 꿇는다.

이강윤 고변을 했으니.. 부탁입니다. 내 가족들만은 살려주십시오.

눈빛 반짝하는 중궁전 내금위.

7 D, 몽타주

-궁궐 앞으로 모여드는 내금위들.

-열린 성문을 통해 빠져나가는 내금위들, 그리고 그들 뒤를 따르는 포도청 군관들의 모습. 성문을 오가던 행인들, 놀라 뒤로 급히 물러나고..

8 D, 중궁전 내실

보고를 올린 듯 고개를 조아리고 있는 중궁전 상궁.
그 맞은편에 앉은 계비의 입가에 잔인한 미소가 그려진다.

계비 아버님 말씀이 맞았어요..
내 아들 창이.. 죽을 자리를 찾아왔습니다..

9 D, 한양성 인근, 서원 밖

하나둘씩 속속들이 모이는 내금위를 비롯한 군사들.
궁수들, 시위를 당겨 서원 건물 쪽을 겨눈다.
중궁전 내금위, 궁수들에게 '쏴라' 외치면 무자비한 화살들이 서원 안으로 발사된다. 앞열의 궁수가 쏘고 빠지면 뒷열의 궁수가 앞으로 나서고 계속해서 서원 건물 안으로 화살들이 날아드는데..
문득, 멈칫하는 눈빛으로 손을 들어 궁수들을 막는 중궁전 내금위.

중궁전 내금위 ...비명이 없다..

굳은 눈빛으로 검을 든 살수들에게 눈짓 주면 일사불란한 몸짓으로 건물을 향해 몸을 날리는 살수들.

10 D, 서원 마당

'쾅' 문이 열리며 들어서는 살수들을 비롯한 병사들과 내금위들.
날아든 화살만이 꽂힌 텅 빈 마당을 보고 멈칫했다가 하나둘씩 몸을 날려 건물 안을 수색한다.
마당 안으로 들어서는 중궁전 내금위, 불길함을 예견한 듯 눈빛 굳어지는데 수색하러 안으로 들어갔던 병사들, 속속들이 마당으로 되돌아오며
'이쪽엔 아무도 없습니다' '이쪽에도 없습니다'
차갑게 일그러지는 중궁전 내금위.

중궁전 내금위 ..함정이다..

뒤돌아 한양성 쪽을 바라보는 중궁전 내금위

중궁전 내금위 군사들을 한양성 밖으로 유인하기 위한 함정이었어..

11　D, 한양성 북문

열린 성문 앞, 날카로운 눈빛으로 오가는 행인들을 검문하고 있는 수문군들.
국상과 왕자의 출산 때문인 듯 더욱 늘어난 행렬들. 상복 차림의 양반들과 보부상들, 상인들, 평민들로 인산인해를 이루고 있는데..
그런 행인들 사이, 언뜻언뜻 보이기 시작하는 누군가..
상복 차림으로 뚜벅뚜벅 다가오고 있는 굳은 눈빛의 창이다.
점차 성문으로 다가서는 창. 순간 품 안에서 검을 빼 든다.
그를 신호로 하는 듯 창의 뒤쪽에서 따르던 보부상, 상인, 양반 등으로 변장한 채 다가서던 영신을 비롯한 훈련도감 병사들 일제히 검을 빼 든다.
수문군들 놀라 뒤로 물러서며 '성문을 닫아라!' 외치지만,
검을 든 채 빠르게 달려오는 창과 영신, 훈련도감 병사들, 추풍낙엽처럼 수문군들을 제거한다. 피 묻은 검을 든 채 그 속도 그대로 닫히는 성문 쪽을 향해 달려가는 창의 모습에서..

12　D, 한양성 북문 일각

숙위군들과 결투 끝에 성문 안으로 들어서는 창 일행.
비명을 지르며 겁을 먹고 뒤로 물러서는 행인들.
창 일행의 매서운 기세에 하나둘씩 쓰러지는 숙위군들.
동료들이 쓰러지며 뒤로 밀리자 지원군을 부르려는 듯 뒤돌아 도주하는 숙위군 1. 영신, 본능적으로 그 뒤를 쫓으려는데 들려오는 창의 목소리.

창 참형장이 먼저다.

검을 갈무리하며 참형장을 향해 몸을 날리는 창 일행.

13 D, 군기시 다리 밑

참형 준비가 끝난 군기시 다리 밑.
형리들, 민치록을 비롯한 몇 명의 훈련도감 병사들의 가족들을 끌고 나와 무릎을 꿇린다. 칼을 들고 그 뒤로 다가서는 망나니들.
그때, 어영청 병사들을 대동하고 참형장으로 들어서는 범팔과 어영청 병사들.
범팔, 무릎을 꿇은 채 참형을 기다리는 민치록과 죄인들을 가라앉은 눈빛으로 보다가 어명이 적힌 결안을 펼쳐 든다.

범팔 백성들은 들으라. 나라의 녹을 먹는 군사들로서 대역죄인 창을 벌하여야 마땅하나, 제 직분을 잊고 역모에 가담하여 자신들의 사욕을 탐하려 하였으니 실로 용서받지 못할 대죄이다. 이에 역모에 가담한 군사들의 삼족을 멸하여 왕실의 위엄과 나라의 기강을 세울 것이다.

14 D, 한양성 포도청

굳은 낯빛으로 마당에 무릎을 꿇고 있는 숙위군 1을 바라보고 있는 포도대장과 군관들.

포도대장　좌포청과 우포청에 남은 군사들이 몇인가?

군관　내금위와 함께 성 밖으로 나간 병사들이 많아 모두 합해도 몇 십 뿐일 것입니다.

포도대장　남은 군사들을 모두 모으고 병판대감에게 내병조의 지원을 요청하게

15　D, 군기시 다리 밑

범팔, 결안을 모두 다 읽은 뒤 접고서 참형을 기다리는 사람들을 바라본다. 울먹이는 여인들, 아이들.. 범팔의 눈빛 흔들리지만, 마음을 다잡으며 한쪽 손을 치켜들고

범팔　왕명이다. 참형을..

칼을 곧추세우고 범팔의 명령만을 기다리는 망나니들.
범팔, 쉽사리 뒷말을 잇지 못한다.
다시 마음을 다잡으며

범팔　참형을 거행..

그러나 떨려오는 범팔의 눈빛. 아무리 마음을 다잡으려 해봐도 울음을 터뜨리는 어린아이를 보다가.. 결국 툭 떨어지는 범팔의 손.

쾅 힘이 빠진 듯 체면이고 나발이고 모두 잊은 듯 바닥에 주저앉는 범팔.

범팔 ...나는 못 하겠다.. 어영대장이고 나발이고.. 이 짓은 못 하겠다..

어영청 병사들, 백성들, 망나니들 모두 다 당황해서 그런 범팔을 바라보는데... 바닥에 주저앉은 범팔에게 천천히 다가가는 누군가..
범팔, 천천히 고개 들어 보는데 가만히 범팔을 내려다보는 창이다.
놀라서 창을 보다가 다급히 무릎을 꿇는 범팔.

범팔 저...저하..
창 ...잘하였다.
범팔 (창의 한마디에 울상이 되는) ..저하..

그런 창의 뒤쪽으로 하나둘씩 다가서기 시작하는 영신과 훈련도감의 병사들.

창 난 내가 있을 자리로 돌아갈 것이다.
나와 함께 하겠느냐?

범팔, 흔들.. 궁궐을 보다가.. 다시 창을 바라보다가 머리를 조아리며

범팔 어영청은 저하를 따를 것입니다.

창, 시선 돌려 참형장에 끌려온 훈련도감 병사들의 가족들과 민치록을 보며

창 이들의 오라를 풀어주거라. 이들은 죄인이 아니다.

검으로 끌려온 이들의 밧줄을 풀어주는 훈련도감 병사들.

자신의 가족들을 만난 이들은 서로 얼싸안고 상봉을 기뻐하고 다른 이들 역시 눈물을 흘리며 기뻐하는데 민치록의 밧줄을 풀어주는 어영 군관들.

어영 군관 괜찮으십니까?

민치록 검을 다오. 나도 궁으로 갈 것이다.

16 D, 한양성 거리 일각

군사들을 이끌고 참형장으로 향하고 있는 포도대장을 비롯한 포도청 군사들.

그때 저 앞쪽으로 보이기 시작하는 병판을 비롯한 내병조 군사들.

포도청 군사들에 비해 훨씬 많은 규모다.

병판 일행을 발견하고 빠르게 다가서서 목례하며

포도대장 오셨습니까.

병판 (말없이 바라본다)

포도대장 역도들은 참형장으로 향했습니다. 서둘러야 합니다.

순간, 칼을 빼 드는 병판, 포도대장의 목을 겨눈다.

그와 동시에 내병조의 군사들 활시위를 포도청 군사들을 향해 겨눈다.

놀라 당황하는 병사들과 포도대장.

포도대장 대감! 이게 무슨 짓입니까!

병판 (병사들에게) 이들을 포박하라.

일사불란하게 움직이며 포도청 병사들을 포박하는 내병조 군사들.

17 D, 한양성 남문

서원으로 출동했던 중궁전 내금위가 이끄는 병사들. 다급히 말을 달려 한양성으로 돌아가고 있다. 드디어 한양성이 보이기 시작하고..

더욱 속도를 높이기 시작하는데 순간, 끼이익 소리와 함께 '쾅' 닫히는 성문.

놀라 '히히힝' 말을 멈춘 뒤 바라보는 중궁전 내금위

18 D, 몽타주

–숭례문, 돈의문, 숙정문 등 '쾅''쾅''쾅' 닫히기 시작하는 성문들.

–성문 안을 비추면 어느새 성문을 차지한 내병조의 군사들.

그 옆에는 포박당한 숙위군들.

19 D, 한양성 안 거리 일각

영신, 범팔, 민치록, 훈련도감 병사들, 어영청 병사들을 이끌고 궁을 향해 걷고 있는 창. 그때, 저 앞쪽에서 창 일행을 기다리고 있던 듯 서 있는 병판과 소수의 내병조 군사들을 발견한다. 뚜벅뚜벅 말없이 다가가 병판과 마주 보는 창.

병판, 창을 바라보다가 품 안에서 책 한 권을 꺼내어 창에게 바친다.

보면 이승희 의원의 병상일지다. 그런 병판의 모습에서

20 N, 과거, 병판의 서재

드르륵 문이 열리며 사복 차림의 병판이 서재로 들어선다.

민치록의 일이 맘에 걸리는 듯 어두운 눈빛으로 서재 탁자로 다가서다가 멈칫한다. 탁자 위 처음 보는 이승희 의원의 병상일지가 놓여 있다.

의아한 눈빛으로 바라보다가 자리에 앉아 한 장 두 장 넘겨보던 병판의 눈빛, 충격으로 떨려오는데.. 순간 들려오는 나지막한 목소리.

이강윤(소리) 그것은 전임어의였던 이승희 의원이 적은 병상일지입니다.

'쾅' 놀라 일어서는 병판. 보면 병풍 뒤에서 몸을 숨기고 있다가 천천히 나타나는 이강윤이다.

이강윤 그 안에 적힌 것은 모두 사실입니다.

병판, 놀라 이강윤을 바라보는데..

다가와 품에서 사조룡이 새겨진 옥패를 꺼내 탁자 위에 올려놓는 이강윤.

옥패를 확인하고 크게 흔들리는 병판. 천천히 고개 들어 이강윤을 보며

병판　…저하께서 내게 원하는 것이 무엇이오.

이강윤　해원조씨와 그들을 쫓는 무리들..

그들과 다르다는 것을 보여 달라 하셨습니다.

떨리는 눈빛으로 이강윤을 바라보는 병판의 모습에서

21　D, 현재, 한양성 안 거리 일각

세자를 바라보는 현재의 병판의 모습으로 오버랩되면..

병판　한양성으로 들어오는 모든 성문들을 막았으며

좌포청과 우포청의 병사들을 제압하였습니다.

창　…(보는)

병판　이제.. 궁으로 모시겠습니다.

22　D, 궁궐 일각

사색이 되어 보고를 올리고 있는 내시를 바라보고 있는 좌의정, 우의정을 비롯한 대신들.

좌의정 그..그게 무슨 소리냐. 역적 창이 궁으로 오고 있다니!
군사들은 뭘 하고 있었단 말이냐!

내시 어영청과 병판대감이 이끄는 내병조마저 역도들에게 넘어갔습니다.

절망감에 망연자실한 표정이 되는 대신들.

23 D, 몽타주

-궁궐 정문. 당황한 얼굴로 우왕좌왕하는 숙위군들. 대문을 닫아걸고 있다.

-궁궐 뒷길. 겁에 질린 얼굴로 다급히 이동하는 궁녀들.

-굳은 얼굴로 처소의 방문을 닫고 안에 숨는 상궁과 궁녀들.

-궐내각사 건물로 모이는 내시들과 관원들.

24 D, 중궁전 내실

분노로 부들부들 떨려오는 계비. 맞은편에는 황망한 눈빛의 중궁전 상궁이 다급한 어조로 보고를 하고 있다.

중궁전 상궁 한양 성문이 막혀 궐을 지켜줄 내금위들마저 돌아오지 못하고 있습니다.. 마마, 어서 피하셔야 합니다.

계비의 눈빛 광기로 빛난다.

계비 ..정전으로 갈 것이다...
아드님을 맞을 차비를 해야지..

25 D, 궁궐 인근 거리 일각

궁으로 향하고 있는 창, 병판, 범팔, 영신, 민치록을 비롯한 군사들.
저 앞쪽으로 궁궐의 위압적인 지붕과 함께 궁궐을 에워싼 높은 담과 궐문이 나타나는데.. 궐문 활짝 열린 채 숙위군들 무기를 버리고 무릎을 꿇고 있고 그 앞쪽에는 역시 무릎을 꿇은 채 창 일행을 기다리고 있는 좌의정, 우의정을 비롯한 대신들.
그런 대신들을 보자 눈빛 굳는 창.
서서히 창 일행이 다가오자 더욱 머리를 조아리는 좌의정.

좌의정 저하! 살려주시옵소서! 저희는 그저 조학주 대감과 중전마마의 명을 따른 죄뿐이옵니다!
우의정 살려만 주신다면 충심으로 저하를 보좌할 것입니다!

'살려달라' 연신 외치는 대신들을 허탈하게 또는 경멸에 찬 시선으로 바라보는 창 일행들. 좌의정, 창의 눈치를 보면서 일어나 궁궐 쪽을 가리

키며

좌의정 이제 저희가 저하를 모시겠사옵니다. 이미 궐문을 지키는 숙위군들의 무장을 해제하였으니 편히 드시면 되옵니다.

창, 가만히 자신이 태어나고 자란 궁궐을 바라보다가 천천히 걸음을 떼기 시작한다.

26 D, 의금부 옥사 건물

삐걱 옥사 문을 열고 들어서는 훈련 군관 1과 병사 두어 명.
옥사에 갇혀 있는 이강윤에게 다가가 옥사 문을 연다.
옥사를 나서는 이강윤에게 목례를 한 뒤 검과 무기들을 건네는 훈련 군관 1.

훈련 군관 1 저하께선 먼저 궁으로 가셨습니다.

알았다는 듯 고개 끄덕한 뒤 옥사를 나서는 이강윤. 그때, 반대편 감방 쪽에서 들려오는 목소리.

대제학(소리) 그게 무슨 말인가?

이강윤 돌아보면 유생들과 함께 옥사에 갇혀 있는 초췌한 몰골의 대제학이다. 믿기지 않는 눈빛으로 나무 창살을 붙잡으며 대제학 저하께서.. 돌아오신겐가?

이강윤, 그런 대제학을 보다가 뒤쪽의 군관에게

이강윤 열어드려라.

군관 1, 옥사 문을 열어주는데

이강윤 이제 해원조씨의 세상은 끝났소.

놀라 이강윤을 바라보는 대제학의 모습에서..

27 D, 정전 뜰

끼이익 열리는 정전의 전각 문. '어서 안으로 드시지요' 하며 앞서 들어서는 좌의정과 대신들. 그 뒤쪽으로 천천히 들어서는 창 일행.
겁먹고 숨은 듯 내시 하나 궁녀 하나 보이지 않는 넓디넓은 정전 뜰.
그 중앙에 위치한 위압적인 정전 건물을 올려다보는 창.

28 D, 정전

적막감이 감도는 정전 안으로 들어서는 창.
정전 가장 높은 곳에 위치한 붉고 화려한 당가를 향해 한 걸음 두 걸음

다가가 당가 아래에 멈춰 선다.

발이 걷혀진 당가 위 용상에는 화려한 대례복을 차려입은 계비가 아기를 안고 당당한 표정으로 앉아 창을 내려다보고 있다.

서로를 가만히 바라보는 창과 계비.

창의 뒤쪽으로는 하나둘씩 좌의정, 우의정을 비롯한 대신들과 병판, 범팔, 민치록을 비롯한 상급 군관들 들어선다.

영신을 비롯한 일반 병사들은 정전 뜰에서 대기하고..

계비 (가만히 창을 내려다보다가) 왔습니까.

창 …

계비 ..궐을 오래 떠나있더니 어미에게 예를 갖추는 법도 잊었습니까.

창 …당신은 내 어머니가 아니오.

계비 (차갑게 웃는) 어미에 대해 효를 모르는 건 여전하십니다.

창 …내려오시오. 그곳은 당신이 있을 자리가 아니오.

계비, 분노로 더욱 차가워진다.

계비 이런다고 이 땅의 백성들이 아드님을 따를 것 같습니까?
아뇨. 아드님은 아비의 목을 쳐 죽인 대역죄인일 뿐이에요!
이제 이 용상은 적통을 이은 내 아들의 것입니다!

계비의 품에 안긴 아기를 바라보는 창의 눈빛, 어둡게 가라앉는데..

그때 앞으로 나서며 입을 여는 병판.

병판 그 아이가.. 정말 선대왕의 피를 이은 것이 맞습니까?

감히.. 더욱 차갑게 얼어붙는 계비의 눈빛.

민치록 사가인 내선재에 왜 만삭의 임부들을 모은 것입니까?
그리고 그 임부들과 계집아이들은 왜 죽인 것입니까?
대답해 주시지요.

그때, 옆에서 눈치 보던 좌의정 나서며

좌의정 병판대감의 말씀이 맞습니다! 안 그래도 나도 계속 이상하다 생각 했습니다. 어의와 어의녀, 중궁전 상궁들과 나인들을 추포해 진상을 조사해야만 합니다.

우의정 맞습니다. 저 말이 맞다면 이는 절대 용서받지 못할 큰 죄예요! 만약 사실이라면 중전을 폐하고 저 아이와 함께 참형에 처해야만 합니다!

대신들 사이에 섰던 범팔, 이게 무슨 얘기지 혼란스러운 눈빛으로 계비와 대신들을 번갈아 바라보고..
자신에게 반기를 든 대신들을 보며 분노로 부들부들 떨려오는 계비.

계비 ...감히 너희들이 내 아이의 핏줄을 의심한단 말이냐..

계비, 분노가 극에 달해 이성을 잃으며 눈빛에 광기가 번득이는데..
창, 그런 계비를 보다가 천천히 앞으로 나선다.

창 당신을 그 자리에서 끌어내려는 것은 당신이 해원조씨여서도 아니고 내가 그 자리를 탐해서도 아니오.
용상에 앉은 자가 당연히 해야만 했던 일들..
백성은 먹을 것을 하늘로 삼고 왕은 백성을 하늘로 삼는다...
그 도리를 외면했기 때문이오.

검을 검집에서 꺼내는 창. 창이 검을 꺼내자 뒤이어 검을 꺼내며 일사불란 하게 '쾅' 앞으로 나서는 훈련도감의 군관들.

창 선택하시오. 스스로 내려올 것인가. 군사들의 손에 개처럼 끌려 내려올 것인가.

계비 아비의 목을 친 것도 모자라 어미와 동생까지 죽이겠다구요?!
어디 해보십시오! 난 이 용상에서 한 발자국도 움직이지 않을 것입니다!

용상에 앉은 계비와 용상 아래에서 검을 빼 든 창.
한 치의 물러섬도 없이 서로를 바라보는데..
우의정, 그런 모습을 보다가

우의정 저하의 손을 더럽히실 필요 없습니다.
걱정마십시오. 제가 가서 어보를 가져와 전위교서를 쓰게 하겠습니다.

우의정, 창의 대답을 기다리지 않고 정전을 나서고..
좌의정, 퍼뜩 공을 뺏긴다 생각이 든 듯 '저..저도 가겠습니다!' 정전을 나선다. 그런 대신들을 바라보는 계비의 입가에 광기 어린 미소가 감돈다.

29 D, 중궁전 뜰

궁녀들, 내시들과 함께 뜰에 굳은 얼굴로 서 있는 중궁전 상궁.
그때, 문 너머에서 빠른 걸음으로 다가오는 겁에 질린 눈빛의 궁녀 1.

궁녀 1 좌상대감과 우상대감께서 어보를 가지러 이곳으로 오고 계신다 합니다. 어찌하면 좋습니까?

중궁전 상궁, 모든 걸 포기한 듯 어두워지는 눈빛.
천천히 손에 들린 열쇠를 바라본다. 눈빛에 표독함이 서리는데..

30 D, 정전 (오미트)

31 D, 옥사 안

일렁이는 횃불 아래 여전히 눈이 가려지고 포박된 채 갇혀 있는 서비.
겁에 질린 서비의 귓가에 여전히 들려오는 소름 끼치는 괴물들의 울음소리.
서비, 계속해서 포박을 풀려 애쓴 듯 뒤로 묶여 있는 밧줄이 조금은 느슨해져 있는데.. '끼익' 들려오는 문소리와 함께 서비의 얼굴에 느껴지는 찬바람.
뭐지? 겁에 질려 몸을 웅크리는데.. 들려오는 발걸음 소리.
더욱 커지는 괴물들의 '크아아악' 울음소리와 순간의 정적이 흐르다가

'달칵'

감방 문을 여는 소리와 함께 더욱 포악해지는 괴물들의 울음소리에 서비, 더욱 겁을 먹고 포박을 풀려 애쓰는데 순간, 서비의 얼굴 위로 '팍' 튀는 누군가의 시뻘건 피. 놀라 멈칫하는 서비의 모습 위로 더욱 커지는 '크르르' 괴물들의 울음소리.. 서서히 멀어진다. 그리고 이어지는 정적.

불길한 예감에 서비, 더욱 힘을 주어 포박을 풀기 시작하고..

드디어 풀리는 손. 서비, 다급히 눈을 가렸던 천을 풀어내리자 희미하게 보이기 시작하는 옥사 안의 풍경. 여기저기 참혹하게 튀어 있는 핏자국. 서비가 갇힌 감방 옆 문이 열려 있고 옥사 안 그 어디에도 괴물들의 모습은 보이지 않는다.

32 D, 중궁전 뜰

활짝 열린 문을 통해 뜰로 들어서는 좌의정과 우의정.

그런데 뜰에는 그 누구도 보이지 않고 텅 비어 있다.

좌의정 게 아무도 없느냐!

우의정 다들 도망간 게 틀림없습니다. 들어가시지요.

빠른 걸음으로 건물 쪽으로 다가가는 좌의정과 우의정.

거의 건물에 가까이 다가가는데 건물 안에서 들려오는 비명소리에 이어 '쿵' 들려오는 소리. 그와 함께 창호 문에 번지는 핏자국들.

놀라 그 모습을 바라보는데..

33 D, 옥사 안

서비, 당황해서 텅 빈 옥사 안을 둘러보는데 옥사 밖 바닥에 떨어져 있는 열쇠를 발견한다. 다급히 나무 창살 쪽으로 다가가 옥사 밖에 떨어진 열쇠를 주워 감방 문을 열고 벽에 꽂혀 있던 횃불을 들고 옥사 밖으로 뛰어나오는데..
문밖을 보면 중궁전 후원이다.
그때 앞뜰 쪽에서 들려오는 궁녀의 찢어질 듯한 비명소리.

34 D, 중궁전 뜰

서비, 다급히 횃불을 들고 중궁전 앞뜰 쪽으로 뛰어들어 오다가 멈칫한다.
건물 안으로 피해 있다가 다시 괴물들에게 쫓겨 건물 밖으로 뛰어나오는 궁녀들, 내시들. 그 뒤를 쫓아 나오는 괴물로 변한 궁인들.
부서진 창호 문 앞에는 이미 괴물들에게 끔찍하게 당하고 있는 우의정 등 한 폭의 지옥도가 펼쳐진 중궁전 앞뜰이다.
다시는 생각하고 싶지 않은 악몽이 재현된 앞뜰을 믿기지 않는 듯
떨리는 눈빛으로 바라보는 서비의 모습에서..

35 D, 정전

저 멀리에서 들려오는 비명소리에 창을 비롯한 사람들 놀라 바라보는

데.. 계비만은 차가운 눈빛이다.

창, 그런 계비를 바라보며

창 대체 무슨 짓을 꾸민 것인가!!

광기가 가득한 눈빛으로 창을 내려다보는 계비.

계비 ..내가 가질 수 없다면.. 그 누구도 가질 수 없습니다.

그런 계비를 믿기지 않는 듯 기가 막힌 얼굴로 바라보다가

불길한 눈빛으로 정전을 나서는데..

그 뒤를 따르는 병판과 범팔, 민치록을 비롯한 상급 군관들.

36 D, 정전 밖

정전 밖으로 나서는 창.

창 중궁전으로 갈 것이다.

월대를 내려서 문을 향해 걷는 창의 뒤를 따르는 병판, 범팔, 민치록, 상급 군관들, 영신을 비롯한 병사들.

37 D, 궁궐 일각

정전을 나서자 더욱 가깝게 들려오는 비명소리들.

긴장된 표정의 창 일행. 더욱 빠른 걸음으로 중궁전으로 향하는 코너를 돌아서는데 저 앞쪽 협문 사이로 구르듯이 뛰어나오는 서비.

그 뒤를 이어 다른 궁인들 역시 혼비백산 뛰어나와 궁궐 여기저기로 흩어지고..

창, 서비를 발견하고 놀라 다가온다.

범팔 역시 서비를 알아보고 다가오는..

서비 역시 다가오는 창을 발견하자 다급히 일어나 뛰어와 엎드리며

서비 저하.. 역병입니다!

중궁전에서 역병이 퍼졌습니다!

창도 다른 사람들도 역병이란 소리에 멈칫해 보는데..

순간, 푸드득 궁궐 뒤편 쪽에서 날아오르는 새떼들과 더욱 크게 들려오는 비명소리들.

창, 검을 뽑아 들며 병사들에게

창 궁궐의 모든 문을 걸어잠가라!

창의 말에 퍼뜩 정신이 난 듯 궁궐 문을 향해 뛰기 시작하는 병사들.

38 D, 몽타주

–'쾅''쾅''쾅' 굳게 잠기기 시작하는 여러 궁궐의 문들.

39 D, 궁궐 일각

긴장한 얼굴로 창 주변에 모여 있는 서비, 범팔, 병판, 민치록.
궁궐 문을 닫기 위해 뛰어간 병사들을 제외한 영신을 비롯한 병사들 역시 창만을 바라보고 있다.

병판 대체 어찌 된 일입니까. 어찌 궁궐에 역병이..

창 지금 그것이 중요한 게 아닙니다. 시간이 없어요.

계속해서 들려오는 처절한 비명소리들.
창, 주변의 병사들을 둘러보며

창 상대가 당상관이건 양반이건 직급 따위 상관하지 말고 머리를 공격해야 할 것이다. 역병에 걸린 병자는 한 명도 살려둬선 안 된다. 알겠느냐?

'예' 외치고는 일사불란하게 흩어지는 병사들.
창, 자신의 뒤쪽에 있던 군관 두 명에게

창 저 의녀와 함께 정전으로 가 그곳의 사람들을 지켜라.

절대 문을 열어선 아니 된다.

돌아서려는 창을 걱정스럽게 바라보는 서비.

서비 저하..

창, 걱정 말라는 듯 서비를 보고 고개 끄덕인 뒤 중궁전을 향해 뛰어 멀어진다.

40 D, 정전 안

서비와 군관들 들어서고 굳게 닫히는 정전 문.
양옆에서 검을 빼 들고 경계를 서는 군관들.
대신들과 서비, 겁먹은 눈빛으로 뒤쪽으로 물러선다.
계비는 차가운 눈빛으로 가만히 앉아 있는데..
또다시 들려오는 비명소리들.
점점 거세어지는 비명소리에 동래와 상주의 끔찍한 기억들이 생각나는 듯 귀를 막는 서비의 모습에서..

41 D, 소주방 일각

부서진 문짝, 여기저기 피가 튀어 있는 바닥에 엎어져 있는 식자재들 사이 아직도 피가 흐르고 있는 손가락 등 괴물들이 한번 훑고 지나간 듯 엉망이 된 소주방. 멀리서 비명소리들이 들려오는 가운데 서서히 마당에 열 맞춰 있는 열몇 개의 장독대 쪽으로 다가가는 화면 위로 들려오는 숨죽인 숨소리. 서서히 커다란 장독대 사이 궁녀 1이 입을 막고 숨어 있다. 겁에 질린 눈빛으로 바들바들 떨고 있는 궁녀 1. 사방이 조용한 듯하자 장독대 너머로 마당 쪽을 힐긋 보면 인기척이 느껴지지 않는다.
옅은 한숨을 내쉬며 고개 돌리는데 서서히 궁녀 1의 시야로 내려오는 검은 머리카락. 너무 놀라 더욱 부들부들 떨리는 궁녀 1. 천천히 고개 들어 위를 바라보면 장독대 위쪽에서 서서히 아래쪽으로 내려오고 있는 괴물로 변한 중궁전 상궁의 얼굴.
기괴하게 꺾인 머리. 피가 뚝뚝 떨어지는 산발이 된 머리카락. 입가에 잔뜩 묻은 사람의 피. '으아아악' 비명을 지르는 궁녀 1.
'크아아악' 입을 벌려 궁녀 1을 물어뜯는 중궁전 상궁.
'악!!' 궁녀 1. 처절한 비명을 지르는데. 순간 잘려져 나가는 중궁전 상궁의 머리. 보면 어느새 달려온 창. 영신. 범팔을 비롯한 훈련도감 병사들이다.
또다시 괴물로 변한 궁녀 1을 처치한 뒤 전각 코너를 돌아 뛰어가는 창 일행. 소주방 전각 앞마당에서 산 사람을 공격하고 있는 괴물들을 처치하기 시작한다.

42 D, 몽타주

-전각 복도. 괴물들에게 쫓기고 있는 한 무리의 궁녀들.
그때 가장 선두에서 달리던 궁녀 2. 치맛자락을 밟고 넘어지자 뒤이어 오던 궁녀들도 모두 걸려 넘어지고.. 괴물들. 그런 궁녀들을 덮치려 할

때 창호 박살내며 밖에서 안으로 들어서는 민치록, 범팔을 비롯한 어영청 병사들. 하나둘씩 괴물들을 공격하기 시작한다.
범팔, 다가오는 괴물들을 공격하며 뒤쪽에 벌벌 떨고 있는 궁녀들에게 '안전한 곳으로 도망가거라!' 외치고..
궁녀들, 달리던 방향으로 복도 코너를 돌아 도망가다가 뭔가를 발견하고 멈칫한다. 복도 저편에서 '크르르' 괴이한 울음을 내며 서 있는 괴물로 변한 좌의정이다.
'끼아악' 놀라 비명을 지르는데 순간 좌의정 괴물의 뒤에서 나타난 병판과 내병조 병사들. 병판, 좌의정 괴물의 목을 찌르고..
서서히 무너지는 좌의정 괴물.

–궁궐 뒷간.
코를 틀어쥐고 큰일을 보고 있는 앳된 얼굴의 내시, 문수.
순간, 밖에서 '쾅''쾅''쾅' 문을 향해 돌진하는 괴물들의 소리.
문수, 보다가 '안에 사람 있소' 외치지만, 문밖의 소리들은 더욱 거세어진다.

–내의원 전각 방 안, 창호 문 너머로 비명을 지르며 도주하는 사람들을 공격하고 있는 괴물들의 실루엣이 비친다.
그런 방 안에서 문을 틀어막고 있는 어의, 겁에 질려 벌벌 떨고 있는데 창호 밖에서 '쾅' 방 안으로 문을 열고 들어오려는 의녀 1의 외침.
'살려주십시오!! 어의영감! 살려주십시오' 절박한 의녀 1의 외침에도 필사적으로 문을 틀어쥐는 어의. 순간, 괴물이 의녀 1을 덮친 듯 피가 튀어 올라 번지기 시작하는 창호 문.
어의 겁에 질려 뒷걸음질 치는데 또다시 창호 위로 튀어 오르는 붉은 피.

어의, 벌벌벌 떨리는 눈빛으로 보다가 뒤돌아 방 중앙에 매놓은 천에 자신의 목을 맨다. 대롱대롱 천장에 매달려 발버둥을 치다가 축 뻗어버리는 어의의 다리. 그런 어의의 모습 뒤, 창호지 너머에서는 여전히 참극이 벌어지고 있다.

–선원전, 정갈하게 설치된 감실들.

각 감실마다 설치된 당가와 일월오봉도.

그 앞에 차려진 제사 공간 등 엄숙함이 느껴지는 선원전 안으로 뛰어들어 오는 내시들. 전각 문을 잠그며 '어서! 어진을 챙기게!' 외치는 내시 1의 지휘 하에 겁에 질려 벌벌 떨리는 손으로 어진들을 소중하게 함에 넣는 내시들.

그때 점차 다가오는 괴물들의 울음소리.

점차 내시들의 손길, 다급해지고..

어진들을 모두 챙긴 내시들 다급히 도망치려 문을 여는 순간,

달려든 괴물들에 의해 희생된다.

바닥에 쾅 떨어지며 널브러지는 어진들. 그 위로 흩뿌려지는 붉은 피.

엉망으로 밟혀버리는 어진의 모습에서..

–궁궐 뒷간.

밖에서 들어오려는 괴물들의 몸짓 때문에 문 여기저기가 부서져 있고 그 사이로 끔찍한 눈빛의 괴물들이 들어오려 미친 듯이 들이대고 있다.

문수, 겁먹은 채 뒤로 물러서는데..

점점 문은 부서져만 가고 피할 곳이라곤 배설물이 가득한 구멍이다.

난감한 눈빛으로 어찌할 바를 모르는 문수.

–궁궐 일각, 전각 마당에서 여기저기서 덤벼드는 괴물들을 처리하는 창, 영신, 훈련도감의 병사들.

–병판, 내병조 병사들 역시 다른 전각에서 몰려드는 괴물들과 사투를 벌인다.

–전각 안에서 역시 괴물들을 처치해 나가는 범팔, 민치록을 비롯한 어영청 병사들.

43 D, 궁궐 일각

전각 마당에서 사투를 벌이는 창, 영신과 훈련도감 병사들.
마지막 한 명의 괴물까지 처치하고 난 뒤 거친 숨을 내뱉는다.
피투성이가 된 뜰에는 괴물들의 시신으로 가득하고..
그때, 전각 뒤쪽에서 다가오는 민치록, 범팔을 비롯한 소수의 살아남은 어영청 병사들. 피범벅이 되어 지친 기색이 역력한 모습으로 서로를 바라보다가..

범팔 ..이제.. 끝인 걸까요?
창 ..그럴 리 없다. 궁내에 상주하는 궁인들만 백오십이 넘는다.

그때, 뒤쪽 부서진 전각 문 쪽에서 느껴지는 인기척.
긴장한 눈빛으로 뒤돌아보면 전각 문 앞쪽으로 들어서는 병판.
어깨 쪽이 물린 듯 피를 흘리고 있다. 놀라 보면..

병판 피하십시오...

그 말을 끝으로 자기 목을 자기 검으로 그어버리는 병판, 서서히 쓰러진다.
창 일행 놀라 바라보는데.. 서서히 다가오고 있는 괴물들의 울음소리.
병판이 서 있던 전각 문 튕기듯 떨어져 나가며 괴물들이 몰려온다.
이미 괴물로 변한 내병조의 병사들을 비롯한 궁녀들, 상궁들, 내시, 관원, 당상관, 당하관 등 괴물로 변한 궁인들, 창 일행을 향해 미친 듯이 뛰어온다. 놀라 그 모습을 보는 창을 잡아끄는 영신.

영신 너무 많습니다! 피해야 해요!

창, 영신, 범팔, 민치록을 비롯한 십수 명의 병사들.
반대쪽 전각 문을 향해 뛰기 시작하고.. 아슬아슬 마지막 사람까지 전각 문을 통과하고 난 뒤 '쾅' 문을 닫아거는 사람들. '쾅쾅쾅' 문을 넘어오려는 괴물들.
뒤로 물러서는 창 일행.

44 D, 정전

여전히 겁에 질려 있는 대신들.
계비는 여전히 차가운 눈빛으로 앉아 있는데..
귀를 막고 있던 서비, 천천히 고개를 들고 귀에서 손을 뗀다.

서비 ...비명소리가.. 안 들려요..

대신들과 군관들, 서비의 소리에 바깥의 소리에 귀 기울이면 어느새 조용해진 주변..

대신 1 어찌 된 일인가?

대신 2 역병이 진정된 것이 아닐까요?

군관 서서히 문 쪽으로 다가가는데, 갑자기 '쾅' 전각 문의 창호를 '쾅' 붙잡는 피 묻은 손, 손, 손..
놀라 뒤로 물러나는 군관, 겁에 질려 비명을 지르는 대신들.
서비, 눈빛 역시 굳어버린다.
'크르르' 귀청을 찢을 듯한 괴물들의 울음소리
사방 벽면의 창호를 뚫고 들어올 듯 몰려든 괴물들의 손들.
당황해 어찌할 바를 모르는 군관들과 사람들.
순간, 이쪽저쪽 창호를 뚫고 들어오는 피투성이가 된 괴물의 손들.
뚫린 구멍 사이로 보이는 끔찍한 괴물들의 눈.
겁에 질린 대신들, 비명을 지르며 당가 위쪽으로 몰린다.
계비만은 전혀 겁에 질리지 않은 채 천천히 아이를 안고 광기 어린 눈빛으로 일어선다.
서비, 공포에 질려 뒤로 물러서고..
그런 정전의 모습과 전각 안에 갇힌 채 굳은 눈빛으로 괴물들의 울부짖음을 듣고 있는 창 일행의 모습 교차되면서

5부 끝

6부

KINGDOM2

1 N, 궁궐 일각, 전각 마당

밤하늘에 울려 퍼지는 괴물들의 울음소리.

위태위태하게 '쾅쾅쾅' 울리는 전각 문을 바라보고 있는 창 일행.

범팔 (불안한 눈빛으로 창을 보며) 어찌할까요?

창 ....(그저 혼란스럽다)

민치록 저희가 어떡하든 길을 만들 테니 저하만이라도 피하십시오.

이 전각에서 조금만 뒤로 가면 후원이 나옵니다.

정문 쪽은 힘들겠으나 그쪽으로 간다면 탈출이 가능할 것입니다.

창 ..너희를 희생시키고 나 혼자 살란 말이냐. 그럴 순 없다.

민치록 누군가는 나가서 이 사실을 궐 밖에 알려야 합니다.

창, 흔들리는 눈빛, 더욱 커지는 괴물들의 울음소리.

2 N, 정전

정전 역시 여기저기 창호 문이 뚫리며 위태로운 상황.
서비, 군관들, 대신들 눈빛, 공포에 물들지만
당가 위 우뚝 선 계비의 눈빛은 한 치의 흔들림 없이 차갑기만 하다.
계비의 품에 안겨 있던 아기, 괴물들의 소리에 본능적으로 겁에 질린 듯 울음을 터뜨리기 시작하고..
서비, 당황해 주변을 둘러보다가 군관들에게 외친다.

서비 불입니다! 저들은 불을 무서워해요!

서비, 가장 가까운 곳에 설치된 좌등으로 달려가 촛불을 꺼낸 뒤
좌등의 몸체를 머리 위로 들었다가 바닥에 '쾅' 집어던진다.
산산조각 나는 좌등의 구조물 중 사면 기둥을 이루던 나무 막대기를 잡아 끝에 치마폭을 찢어 천을 두르기 시작한다.
군관 1, 2 역시 서비의 외침에 좌등으로 달려가 불을 붙여보려 하는데 몰려든 괴물들의 무게를 이기지 못한 채 점점 위태롭게 흔들리던 창호들, '쾅''쾅' 압력을 이기지 못하고 넘어지기 시작하고 그 사이를 뚫고 정전 안으로 난입하기 시작하는 괴물들. 군관들, 불을 포기하고 검으로 어떻게든 막아보려 하지만 이겨내지 못하고 결국 그들에게 당해버리고..

공포에 질린 대신들의 비명들. 계비의 눈빛은 더욱 차가워지는데...
그 품에 안겨 우는 아기를 다급히 보는 서비. 나무 막대기 끝에 불을 붙이는 데 성공한다. 불을 휘두르며 어떻게든 당가로 다가가 보려 하는 서비.
그런 서비의 앞을 가로막으며 뛰어들어 진로를 방해하는 괴물들.
게다가 이미 괴물들이 개미떼처럼 달려들며 당가 위 사람들을 뒤덮기 시작했다.
계비, 자신을 향해 달려드는 괴물들을 보며

계비 ..보고 계십니까. 아버님.. 전 빼앗기지 않았습니다.

순간, 계비를 향해 피 묻은 입으로 달려드는 괴물들.
불을 휘두르며 당가 쪽으로 어떻게든 다가가려던 서비.
산처럼 당가로 몰린 괴물들의 모습에 아기의 울음소리가 들려오지 않자 이미 끝났다 절망한다.
어쩔 수 없이 자신을 향해 달려드는 괴물들을 물리치며 도주해보려 하는 순간, 사람들의 비명, 괴물들의 울음소리 사이 가느다랗게 들려오는 아기의 울음소리에 멈칫한다.
어디지? 미친 듯이 불을 휘두르며 당가 쪽으로 다가가려 한다.
괴물들에 물려 또다시 괴물로 변한 대신들까지 합세해 서비를 공격하기 시작하는데.. 포기하지 않고 불을 휘둘러 당가로 다가가다가 멈칫..
당가 뒤쪽이다. 다급히 당가 뒤쪽으로 달려가 보는 서비. 당가 뒤쪽에 떨어져 있는 강보에 싸인 아기. 울음소리가 선명하게 들려온다.
그때 당가 뒤편 서비의 반대편 쪽에서 나타나는 대신 괴물들.
서비, 다급히 달려가는데 괴물들도 서비를 향해 달려온다.
서비, 달려드는 대신 괴물의 입에 불 막대기를 꽂아 넣고, 그 사이 아기를 품에 안은 뒤 당가 뒤편의 창호 문을 향해 몸을 날린다.

3　N, 정전 밖

'쾅' 창호 문이 부서지며 정전 밖으로 구르듯 뛰어나오는 서비.

그 뒤를 쫓기 시작하는 정전 안의 괴물들.

정전 밖 다른 전각 쪽에서도 서비를 발견하고 괴물들 뛰어오는데..

그 어디로도 도망갈 곳이 보이지 않는다.

주변을 두리번거리던 서비, 행각 한편, 문이 열린 창고를 발견하고 달리기 시작한다. 아슬아슬 잡힐 듯한 서비, '쾅' 창고로 들어가 안에서 빗장을 걸어버린다. 그러나 '쾅쾅쾅' 밖에서 들어오려 애쓰는 괴물들로 빗장이 걸린 나무 문 위태위태해 보이고..

서비, 겁에 질려 아기를 품에 안은 채 뒷걸음질을 치는데..

4　N, 궁궐 일각, 전각 마당

더욱 거세게 문을 두드리는 괴물들의 소리.

다급한 눈빛의 민치록, 창을 향해

민치록　지체할 시간이 없습니다. 후원으로 모시겠습니다!

창, 그런 민치록과 사람들을 보다가.. 뇌리를 스치는 생각.. 멈칫하며 창　　후원..

범팔, 영신, 민치록을 비롯한 병사들, 창을 본다.

창, 영신을 비롯한 병사들이 차고 있는 조총을 보며

창　　탄환이 얼마나 남았느냐.

영신　　모두 합해도 저들을 다 처치할 순 없습니다.

창, 고개 들어 궁궐들의 지붕을 바라보다가 일행을 바라보며

창　　...저들에게 쓸 것이 아니다.

5　　N, 정전 밖, 행각 창고 안

겁에 질린 얼굴로 창고 안에 갇혀 있는 서비와 아기.

더욱 거세게 흔들리는 창고 문.

금방이라도 열릴 듯한 창고 문을 보며 아기를 안고 눈을 질끈 감는데..

순간, 부서져라 흔들리던 창고 문밖, 점차 조용해진다.

서비, 뭐지? 의아함을 느끼고 고개 든다.

6　　N, 몽타주

–정전 창고 앞으로 몰려 있던 괴물들, 어디론가 미친 듯이 뛰어가고 있다.

보면 정전과 연결된 편전 행각 지붕 위에서 똑똑 바닥으로 떨어지고 있는 핏방울. 지붕 위에 올라가 있는 영신, 일부러 팔을 그어 피 냄새를 뿌리고 있다. 피 냄새에 홀린 정전 주변의 괴물들, 영신이 있는 행각 주변으로 미친 듯이 몰리기 시작하고..

영신, 괴물들이 몰리자 행각 지붕 위를 타고 어디론가 뛰기 시작한다.

피리 소리에 홀린 쥐들처럼 영신의 뒤를 따라 지붕 아래쪽에서 뛰기 시작하는 괴물들.

-중궁전 행각 지붕 위, 역시 피를 뿌리며 뛰고 있는 창.

지붕 아래, 전각 이쪽저쪽에서 뛰어나와 몰려드는 괴물들.

서서히 화면 부감으로 보이면, 각 전각들을 둘러싸며 미로처럼 이어진 행각 지붕들 위를 같은 방향을 향해 뛰고 있는 창과 영신, 민치록, 범팔을 비롯한 살아남은 병사들.

그 지붕 아래에서 그들을 미친 듯이 쫓고 있는 괴물들의 모습들 위로

창(소리) 우리가 미끼가 된다면.. 성공할 수도 있다.

-능숙하게 지붕 위를 달리는 다른 사람들과 달리 범팔, 아슬아슬 겨우 균형을 잡고 달리다가 순간 삐끗하며 지붕 옆쪽으로 떨어지기 시작한다.

밀려 떨어지는 기와들. 범팔, 미친 듯이 손짓을 하며 겨우 아슬아슬 기와 하나를 붙잡고 몸을 지탱하고.. 그런 범팔을 향해 몰려드는 괴물들.

지붕 아래로 내려온 범팔의 다리를 붙잡으려는 괴물들.

그들 중 한 괴물의 손, 범팔의 다리를 붙잡고.. 아래로 당겨지는 범팔의 몸.

죽었구나.. 눈을 질끈 감는 순간, '탕' 하는 소리와 함께 머리를 맞고 떨

어지는 괴물. 범팔, 뭐지? 보면 멀리 다른 행각 지붕을 뛰고 있던 영신이 조총으로 괴물을 처치한 것이다. 범팔, 고맙다는 듯 영신을 보고는 있는 힘을 쥐어짜 다시 지붕 위로 오른다.

–앞서거니 뒤서거니 행각 지붕을 타고 후원 쪽을 향하고 있는 사람들.
전각이 끝나면 펼쳐진 드넓은 산길. 겨울의 나무숲이다.
가장 먼저 뛰어와 지붕을 뛰어내려 산길로 향하기 시작하는 창.
그 뒤를 따르는 민치록, 영신, 병사들과 범팔.
피 냄새를 풍기는 미끼들을 쫓아왔던 괴물들. 순간 지붕 위에서 그들이 사라지자 갈 길을 잃다가 열려진 전각 문을 발견하고 뒤늦게 창 일행의 뒤를 쫓아 겨울 숲으로 들어선다.

–괴물들보다 한발 먼저 숲길을 따라 뛰고 있는 창 일행.
저 앞쪽으로 언뜻언뜻 보이기 시작하는 하얀 눈과 얼음에 휩싸인 후원 저수지. 붉은 피를 흘리며 저수지를 향해 달리는 창 일행의 모습 위로

창(소리) 동래도.. 상주도.. 모두 막지 못했다.

창 일행의 뒤쪽으로 점점 거세어지는 괴물들의 울음소리.
더욱 속도를 높이는 창 일행.

창(소리) 이번엔 막을 것이다. 반드시 막아야만 한다.

7 N, 궁궐 정문 밖 공터

젊은 유생들과 함께 훈련대장 이강윤의 부축을 받으며 천천히 궁궐을 향해 다가오는 대제학. 먼저 도착해 있던 듯한 또 다른 유생 무리. 그런 대제학에게 다가오며

유생 1 대궐의 모든 문들이 닫혔습니다.

창이 걱정되는 듯 떨리는 눈빛으로 궐 너머를 바라보는 대제학.

대제학 대체.. 궐에서 무슨 일이 벌어진 것이냐..

8 N, 정전 밖, 행각 창고 안

사방이 조용해지자 서비. 긴장한 눈빛으로 천천히 문틈으로 밖을 바라보는데. 텅 비어 있는 창고 밖 정전 뜰.
의아한.. 여전히 불길한 눈빛으로 뒤로 물러선 서비. 뭔가 이상한 듯 아기를 안은 자신의 손을 본다. 손에 피가 묻어 있다.
보면 강보가 피투성이다. 놀라 창고 안 탁자 위에 아기를 눕히고 강보를 풀다가 소스라치게 놀라 뒤로 물러서는 서비.

9 N, 후원 저수지

겨울 숲 한가운데 위치한 꽝꽝 언 하얀 후원 저수지 중앙으로 뛰어들어오는 창 일행. 하나둘 겨울 숲을 벗어나 미친 듯이 창 일행을 향해 달려오는 각양각색 복색을 입은 괴물들.
끝도 없이 달려와 덤벼드는 괴물들을 자르고 베고 찌르는 창 일행.
그러나 숫자가 너무 많다. 병사들 하나둘씩 결국 괴물들에게 당하고 마는데..
창, 정신없이 싸우는 와중에 숲 쪽을 힐긋 보는데 더 이상 달려오는 괴물들이 보이지 않는다.

창 지금이다!!

조총을 뽑아 드는 영신과 병사들. 그런 그들을 엄호하는 창, 범팔, 민치록. 얼음을 향해 '탕탕탕탕' 마구 총을 발사하는 병사들.
'지이잉' 실금이 가기 시작하는 얼음. 그 위에서 마구 발광해대는 괴물들 덕분에 실금이 더욱 가긴 하지만 한겨울 꽝꽝 언 얼음은 아직 깨질 생각을 하지 않는다.
다시 조총에 탄환을 넣는 영신과 병사들. 창과 범팔, 민치록, 열심히 그들을 엄호해 보지만, 병사들 몇 명 결국 괴물에게 당하고..
재빨리 탄환을 넣은 영신과 병사들, 다시 한번 얼음을 향해 발사한다.
더욱 실금이 가기 시작하는 얼음. 그러나 아직도 무너지지 않는다.
병사들, 하나둘씩 점차 괴물로 변해 살아남은 사람들을 공격한다.
마지막 안간힘을 쥐어짜 괴물들을 상대하는 창, 영신, 범팔, 민치록 등 병사들의 눈빛에 절망감이 밴다.

10 N, 정전 밖, 행각 창고 안

벌벌 떨리는 눈빛으로 아기를 내려다보는 서비의 시선 쫓아가 보면 강보 안의 아기의 손과 팔, 괴물에게 물린 선명한 상처들이 있다.

11 N, 후원, 저수지

여전히 괴물들과 사투를 벌이고 있는 창 일행.

창 (영신과 병사들에게) 한번 더! 한 번 더 쏴라!

영신과 병사들 다급히 탄환을 집어넣지만, 점점 엄호해 줄 사람이 사라지자 하나둘씩 괴물에게 물리고 만다. 급기야 민치록과 범팔마저 괴물들에게 물리고.. 그럼에도 불구하고 죽기 직전까지 싸우겠다는 듯 괴물들에게 검을 휘두르는 범팔과 민치록. 역시 영신을 엄호하며 검을 휘두르지만, 결국 몰려든 괴물들에게 창 마저 물리며 피를 흘리고..
영신 놀라서 조총으로 창을 공격하던 괴물들과 사투를 벌이다가 괴물에게 물리면서 총을 떨어뜨린다.
피를 흘리면서도 마지막 힘을 쥐어짜 괴물들을 베어내는 창.
영신이 떨어뜨린 조총을 들고 바닥을 향해 마지막 총성을 울린다.
'탕' 소리와 함께 연못 부감으로 보이면..
몰려든 괴물들에게 뒤덮여 보이지 않는 창, 영신, 범팔, 민치록 등..
순간 '콰콰쾅' 천둥같은 굉음과 함께 저수지의 얼음이 무너지기 시작한다.

12 N, 저수지 안

얼음이 무너지면서 속절없이 물속으로 떨어지는 괴물들.

어떻게든 물속을 빠져나가 보려 하지만, 몸 안에서 하얀 벌레가 빠져나가 보통의 시신으로 돌아가며 물 안으로 가라앉기 시작하고..

그런 시신들 사이, 가라앉고 있는 창의 모습.

죽은 듯 눈을 감고 서서히 가라앉고 있는 창의 손끝에서 빠져나가는 흰 벌레.

그리고 천천히 눈을 뜨는 창.

그런 창의 눈앞을 지나 서서히 가라앉고 있는 시신.

여기저기 물어뜯긴 기색이 역력한 계비다.

천천히 어둠에 휩싸인 저수지 바닥으로 사라지는 계비를 바라보는데..

창의 옆쪽에서 느껴지는 인기척. 역시 벌레가 빠져나오며 정신을 차린 영신이다. 조금 먼 곳을 보면 괴물에게 물렸지만 괴물로 변하기 전에 물에 빠진 범팔과 민치록, 소수의 병사들도 벌레가 빠져나가자 되살아나 물 위를 향해 헤엄치기 시작한다.

13 N, 저수지 물가

거친 숨을 내뱉으며 물가를 향해 올라오는 창, 영신, 민치록, 범팔과 병사들. 헉헉거리며 그 많은 괴물들이 수장된 저수지를 바라본다.

창, 괴물에게 물렸던 어깨와 팔을 믿기지 않는 듯 본다.

범팔 역시 물가로 올라와 헉헉거리며

범팔 ..왜.. 우리는 살아난 것입니까.. 분명.. 저들에게 물렸었는데..

창 ...나도 알 수 없다.. 왜 이리 된 것인지..

창, 혼란스러운 눈빛으로 저수지를 바라보는데..

민치록, 다가와

민치록 온전한 전각을 찾아보겠습니다. 언 몸을 추스르시지요.

창, 혼란스런 마음을 다잡고 일어서며

창 아니.. 아직 할 일이 남아있다.

13-1 D, 몽타주

–내의원, 방 안. 대롱대롱 천장에 매달린 채 괴물이 되어 '크르륵' 거리고 있는 어의. 순간 느껴지는 인기척. 보면 궁 안을 수색 중인 듯 들어서는 영신과 병사 몇 명. 살아 있는 인육의 피 냄새에 더욱 광포하게 몸부림치는 어의 괴물. 영신, 보다가 목을 쳐 괴물을 처단한다.

–궁궐 일각. 부서진 대청마루에 하반신이 끼어 후원으로 오지 못한 괴물을 처단하고 있는 범팔과 다른 병사들.

–또 다른 궁궐 일각. 누군가 괴물을 창고 안에 가둔 듯 '쿵쿵' 문이 흔들리고 있는 창고 문 쪽으로 다가서는 창과 또 다른 병사들.

창, 눈짓하면 병사들, 문을 쾅 열어제끼고 순간 안에서 튀어나오는 괴물을 단칼에 처치해버리는 창.

창고 안을 둘러보면 또 다른 괴물은 보이지 않는다.

창고 밖으로 나와 주변을 둘러보는 창. 더 이상 괴물들의 울음소리는 들려오지 않는다. 그때, 다른 곳에서 빠른 걸음으로 다가오는 범팔.

'모두 처치했습니다'. 그런 범팔을 보다가 주변을 둘러본다.

여기저기 흩뿌려진 붉은 피, 그리고 엉망으로 변해버린 궁궐이다..

14 D, 궁궐 정문 앞 공터

불안한 눈빛으로 궁궐 쪽을 바라보고 있는 대제학과 유생들, 이강윤.

그때, 끼이익 소리와 함께 열리는 정문.

놀라 정문 쪽을 바라보는데.. 서서히 열리는 문을 통해 나오는 사람, 창이다. 만신창이가 된 창을 발견하자 대제학, 이강윤을 비롯한 사람들 놀라서 바라보고.. 이강윤, 창에게 다가가

이강윤 저하, 괜찮으십니까? 대체 궐안에서 무슨 일이 벌어진 겁니까?

창 성곽 경계를 위해 남겨둔 병사들을 모두 궁으로 불러들여라.

이강윤, 창의 단호한 말투에 '알겠습니다' 목례한 뒤에 사라지고..

창, 그제서야 대제학과 유생들을 바라본다.

창은 그간 고초가 심했던 듯 초췌해 보이는 대제학과 유생들을 보고 대제학과 유생은 자신들을 버리지 않고 결국 한양으로 돌아온 창을 눈물이 그렁그렁해서 바라본다. 서서히 무릎을 꿇는 대제학과 유생들.

대제학 세자 저하를.. 뵈옵니다..

그런 대제학과 유생들을 바라보는 창의 가라앉은 눈빛.

15 D, 후원 저수지 일각

몇십 명의 병사들이 저수지 안의 시신들을 물가로 끌어내고 있고 그런 시신들을 일일이 확인하며 서비를 찾고 있는 범팔.
조금 떨어진 곳에서 역시 시신의 얼굴에 횃불을 갖다 대며 시신들을 확인하고 있는 민치록. 굳은 얼굴로 곁에 선 병사에게

민치록 저수지 안의 모든 시신들을 끌어낸 것이냐?
병사 예.

병사의 대답에 혼란스러워지는 민치록의 눈빛.

16 D, 궁궐 일각, 빈청

탁자를 사이에 두고 마주 앉아 있는 대제학과 창.

대제학 …궁궐안에 역병이 퍼졌단 말입니까..
창 …
대제학 …살아남은 자는요? 저하와 함께 한 자들외에는 다 죽은 겁니까?

...중전께서도.. 대신들도.. 모두 다요?

창 예.

대제학도 창도 눈빛 어두워지는데..

밖에서 들려오는 민치록의 목소리.

민치록(소리) 저하. 들어가도 되겠습니까?

창 들라.

문 열리며 굳은 낯빛으로 들어서는 민치록.

대제학 무슨 일인가?

민치록 궁궐안에 더는 역병환자가 남아있지 않았습니다. 허나..

창과 대제학 민치록을 바라보면

민치록 원자의 시신이 그 어디에도 보이지 않습니다.

눈빛 멈칫하며 천천히 일어서는 창.

대제학 역시 당황한 눈빛으로 창에게

대제학 찾아야 합니다. 반드시 찾아야만 합니다.

창 ...

대제학 성밖으로 나간 내금위들이 아직도 남아있습니다.

게다가 지방수령들 태반이 해원조씨를 쫓던 세력들이에요.

그 아이를 살려둔다면 반드시 그 아이를 따르는 세력들이 들고 일어설 겁니다.

창 …

대제학 저하께서 사시려면 반드시 원자를 죽이셔야 합니다.

점차 눈빛 어두워지는 창.

17 D, 궁궐 일각

―궁궐 곳곳을 다니며 아기를 찾아다니는 민치록과 이강윤, 병사들.

―영신 역시 궁궐을 다니며 수색에 참여하고 있는데..
그때 뭔가를 발견한 듯 멈칫하는 영신. 시선 좇아가 보면 나무에 찢긴 치맛자락이다. 천천히 다가가 나무 인근 길 위에 남은 발자국을 확인하다가 발자국이 향한 곳을 바라본다.
선원전 전각이다.

18 D, 선원전

엉망으로 찢겨진 창호.
곳곳에 뿌려진 붉은 피와 처참하게 찢겨지고 나뒹굴고 있는 어진들.
그런 선원전 안으로 천천히 들어서는 발.
검을 든 굳은 낯빛의 창이다.

엉망이 되어 바닥에 떨어진 어진을 가만히 바라보다가

창 이곳은.. 내게 핏줄을 물려주신 선대왕들의 어진을 보관하는 곳이다.
살아계셨던 모습을 그린 초상을 생전처럼 용상에 모시고 때마다 제례를 올리며 기리는 장소기도 하지.

얘기를 하면서 천천히 가장 마지막 감실 쪽으로 다가서는 창.
어둡게 그늘진 마지막 감실 안에 초조한 눈빛으로 숨어 있는 서비.
품에는 강보에 싸인 아기를 안고 있다. 그런 서비의 귓가에 들려오는 창의 목소리.

창 이곳에 남은 자리는 두 개 였다. 하나는 내 아버님의 자리였고..

마지막 감실에 다다른 창. 떨리는 눈빛으로 아기를 보호하려는 듯 안고 있는 서비를 내려다본다.

창 마지막 하나.. 이 곳은 나를 위한 자리였다.
그러니 그 곳에서 나오거라.

두려운 눈빛으로 자신을 바라보는 서비를 바라보다가
서비의 품에 안긴 아이를 바라보는 창.

창 아이는.. 어찌됐느냐?

창과 시선 마주치자 더욱 아기를 보호하듯 안는 서비.

창　아이를 보여다오.

서비　저하..

창　보여달라 하였다.

서비, 그런 창을 보다가 두려운 눈빛으로 천천히 강보에 싸인 아기를 내어 보여주는데 아이의 팔과 손에 괴물에게 물어뜯긴 끔찍한 상처.
창, 놀라 낯빛 변하며 바로 검을 내려칠 듯 고쳐잡으며

창　괴물에게 물린 것이냐.

서비　(다급히) 물린 것은 맞지만, 이 아이는 괴물이 아닙니다!

창, 떨리는 눈빛으로 잠든 아기를 본다. 아이의 눈, 보드라운 피부, 손 모두 괴물과는 거리가 멀지만, 팔에 난 상처는 끔찍하기만 하다.
그런 아이를 혼란스럽게 바라보는 창.

서비　정말입니다. 이 아이는 역병에 걸리지 않았습니다.
죽이시면 아니됩니다.

그러나 창, 검을 쉽사리 거두지 못한다.
그런 창을 바라보던 서비.

서비　저하께서도 이 아이를 살리고 싶으신 것 아니십니까..

창　...

서비 ..제게 그리 말씀하셨습니다.. 이 아이를 지켜달라고..

서로를 바라보는 두 사람의 모습에서..

18-1 N, 과거, 서원, 방 밖

4부 20씬에 이어지는..

창 그러기 위해 네가 해주어야 할 일이 있다.

의아한 눈빛의 서비를 바라보던 창.

창 ..중궁전으로 가서 그 아이를 지켜봐다오..

멈칫해서 창을 바라보는 서비.

서비 ...원자 마마를 말씀하시는 것입니까?

서비, 무영과의 마지막 대화가 떠오른다. 눈빛 흔들리며

서비 ..저하께 드릴 말씀이 있습니다.. 중전마마와 원자 마마에 대한 얘깁니다.. 원자 마마는..

창 좌익위의 아들을.. 중궁전에서 데려갔다 들었다..

서비, 창이 이미 짐작하고 있었구나.. 떨리는 눈빛으로 창을 바라본다.

창 그러니.. 그 아이의 곁을 지켜다오.

18-2 D, 현재, 선원전

현재의 두 사람의 모습으로 돌아오면..

여전히 아이를 불길한 눈빛으로 바라보는 창.

서비, 불안한 눈빛으로 창을 바라보며

서비 더 이상 다치는 이가 없게 만들겠다 하셨습니다.
그러니.. 이 아이를 살려주십시오.

창 ...

서비 역병도 끝날 것입니다...

창 ....

서비 추위가 물러가고 봄이 오면..
이 모든 악몽이 끝날 것입니다.

창, 가만히 서비를 보다가

창 아니.. 그 아기가 있는 한.. 끝나지 않는다.

순간, 아기를 내려치는 듯 검을 들어 내려치는 창의 모습 위로 서비의 비명 깔리는데..

19 D, 상주읍성

따뜻한 햇살이 내리쬐고 있는 읍성 안. 성벽에 기대어 피난민 엄마 품에 안겨 잠이 든 어린아이. 햇살이 눈부신 듯 깜박깜박거리다가 눈을 뜨는데 뭔가를 발견하고 천천히 일어나 아장아장 걸어간다.
쭈그리고 앉아 땅을 바라보는 아이의 시선 좇아가 보면,
얼어붙었던 땅을 뚫고 피어오른 초록색 야생화의 꽃봉오리다.
가만히 그런 꽃을 바라보고 있는데 저 멀리에서 들려오는 발자국 소리들.
성벽 쪽을 향해 다급히 다가오고 있는 상주 아전과 군관들이다.

20 D, 상주읍성 성벽 위

다급한 발걸음으로 성벽 위로 올라서는 아전과 군관들.
성벽 위에는 가노들과 군사들이 성벽 밖을 바라보고 있다.
보고를 받고 달려온 듯한 아전들과 군관들 역시 믿기지 않는 눈빛으로 성벽 밖을 바라본다. 괴물들로 가득차 있었던 성벽 밖. 눈부신 햇살 아래 그 어디에도 괴물을 찾아볼 수가 없다. 감격에 겨워 떨려오는 눈빛으로 그런 광경을 바라보는 사람들.

21 D, 상주읍성 성문 밖 몽타주

–상주읍성 성문 밖
끼이익.. 굳게 닫혔던 문이 열리고 천천히 걸어 나오는 사람들.

햇살이 눈이 부신 듯, 아니면 살았다는 감동 때문인 듯 햇살 아래 빛나는 광경을 바라보는 사람들의 눈가는 촉촉해져 있다.

–상주 인근 산길, 바위 아래에 숨어 잠이 든 괴물들의 시신을 수레에 옮겨 싣는 군사들.

–상주 읍성 공터
시신들을 태우는 거대한 불길이 타오르고 있다.
불길을 바라보는 많은 사람들. 자신의 가족들을 보내며 눈물짓고 있고..
누군가는 안도의 한숨을 내쉬며 악몽이 끝났다는 기쁨의 눈물을 흘린다.
그런 사람들의 모습에서 서서히 화면 암전된다.

22 D, 궁궐 일각

화면 서서히 밝아지면 구름 한 점 없는 푸른 하늘.
햇살에 반짝이는 눈부신 초록빛 나뭇잎들.
얼음이 녹은 잔잔한 물결의 후원 저수지.
화계에 피어오른 수줍은 꽃봉오리들.
봄이 찾아온 궁궐의 전경들 보여지다가 그런 전경들 위로 들려오는 첫번째 북소리.

23 D, 정전 뜰

대조회가 시작되는 정전 뜰. 첫 번째 북소리 초엄이 들려오자, 열을 맞춰 정전 입구 쪽에 사열하는 병사들.
또다시 들려오는 두 번째 북소리 이엄이 들려오자, 정문 밖에 서는 조복을 갖춰 입고 품계에 맞춰진 홀을 든 문무백관들.
세 번째 북소리 삼엄이 들려오자, 좌우 편문을 통해 정전 뜰 안으로 들어와 자신의 자리에 서는 문무백관들. 그들 중 영의정 자리에 선 머리가 희끗한 대제학, 좌의정 자리에 선 범팔, 훈련대장 이강윤의 모습 보여지고..
북소리가 끝난 뒤, 조용해진 사위. 악공들이 연주하는 헌가악이 시작된다.
왕만이 출입할 수 있는 정문으로 왕이 탄 화려한 연이 다가오고..
중도를 통해 천천히 이동하는 연. 월대 앞, 계단에 멈춰 서면 천천히 연에서 내려서는 적석을 신은 왕의 발.
면류관과 구장복을 걸친 왕, 천천히 이동하여 용상에 올라 문무백관을 바라보며 착석하자, 그치는 헌가악.
조용해진 정전 안, 대조회를 주관하는 찬의의 목소리가 울려퍼진다.

찬의(소리) 궤진홀 삼고두!!

찬의의 신호에 문무백관 무릎을 꿇고 홀을 꽂고는 삼고두를 하고
찬의 '산호!!' 외치면 두 손을 이마에 맞잡고 부복하는 문무백관 '천세'를 외친다. '재산호!!'라는 찬의의 외침에 다시 '천천세'를 외치며 왕에게 경의를 표하는 문무백관들.
그들의 가장 높은 곳 용상에 앉은 왕을 비추는 화면,
백옥으로 만들어진 규를 든 손에 아직도 옅은 흉터가 남아 있는 어린 왕,

무영의 아들, 이염이다. 그런 모습 위로

* 자막 – 7년 후

24 D, 궁궐 후원

후원, 저수지 옆 정자로 오르는 길을 걷고 있는 원유와 범팔.

원유, 강화도에서의 모습은 찾아볼 수 없는 엄숙하고 엄한 모습이다.

정자 근처에서 대기하고 있던 내시들과 상궁들 중 상선이 된 문수, 원유와 범팔을 보자 두 사람에게 목례한 뒤 정자에서 연못을 바라보고 있는 염에게

문수 전하, 현록대부와 좌의정대감께서 드셨습니다.

그러나 대답 없이 연못만을 바라보는 염.

그런 염을 보다가 정자 위로 오르는 원유와 범팔.

원유 사관들에게 칠년 전 사초를 보여달라 하셨다 들었습니다.

염 …

원유 사초는 그 누구도.. 왕이라 하여도 절대 보실 수 없다는 걸 잘 아시지 않습니까.

연못을 바라보던 염, 돌아보는데 전씬의 위엄 있는 모습이 아닌 풀죽은 어린아이의 얼굴이다.

염 ...아무도 얘기해 주지 않습니다.
칠년 전 역병으로 아버님도 어머님도 하나뿐인 형님도 승하하시고..
두 분을 지키던 궁인들도 모두 죽었습니다.
그런데 대부님도 외숙도.. 그 누구도 그분들의 얘기를 해주시지 않으시니 전 누구에게 물어야 합니까.

원유와 범팔, 그런 염을 보다가 맘이 약해지는 듯 눈빛 안쓰러워지는데..
범팔, 마음 다잡으며

범팔 이제 곧 경연이 시작될 것입니다.
전하께서 보고 들으시는 것은 모두 이 나라를 위함입니다.
전하께서 많이 아셔야 조정을 이끄시고 만백성을 보살피실 수 있습니다.

염, 눈빛 더욱 풀이 죽는데..

범팔 (문수에게) 전하를 뫼시게.

염, 엄한 두 사람의 눈빛에 어쩔 수 없다는 듯 정자를 내려와 경연장을 향한다. 그런 염을 따르는 내시와 상궁들.
상궁들 중 가장 앞서 걷는 제조상궁을 비추면, 안타까움을 내심 감추고 있는 김씨 부인이다. 멀어지는 무리를 바라보는 범팔과 원유.

원유 점점 부모님에 대한 그리움이 더해지십니다.

범팔　　아버님이.. 어머님이 어찌 돌아가신지 아신다면 충격이 크실겁니다.
절대 전하께서 알게 해선 아니될 것입니다.

멀어지는 염을 바라보는 가라앉은 표정의 원유, 그리고 범팔의 모습에서..

25　D, 범팔의 집 외곽

앞서 걷는 청지기와 하인들 뒤, 좌거에 탄 생각에 잠겨 어두운 낯빛의 범팔.
저 앞쪽으로 번듯한 범팔의 집이 가까워지는데..
범팔, 뭔가를 발견한 듯 눈 커진다.
집 앞 나무 아래, 서서 자신을 기다리고 있는 듯한 보부상 차림의 누군가..
바로 영신이다.

범팔　　좌..좌거를 세우거라!

영문을 모르는 하인들, 좌거를 세우자마자 체통 따윈 잊은 듯 영신을 향해 달려가 앞에 선다.

범팔　　..맞지?..자네 맞지?
영신　　(미소지으며 인사하는) 오랜만에 인사드립니다. 대감마님.

반가움에 함박 미소를 지으며 영신을 바라보는 범팔.

26 D, 범팔의 집, 사랑방

범팔의 호탕한 웃음소리 깔리며 고급스러운 보료, 서안, 벼루와 먹, 붓 등을 모아놓은 연상, 등잔걸이 등을 훑던 화면, 사랑방에 마련된 주안상을 마주하고 앉은 범팔과 영신을 보여주는데 궁궐에서의 위엄 있는 모습은 온데간데없이 사라진 범팔, 겉옷을 풀어헤치고 병째 술을 마시며

범팔 아, 말 놓으라니까 그러네. 편하게 해. 편하게

영신 그만 드시죠. 술이 과하십니다.

범팔 내가 자네하고나 마셔보지 언제 이렇게 마셔보겠나.
아, 말 놓으라니까!

영신, 그런 범팔을 보고 어쩔 수 없다는 듯 웃다가

영신 알겠네. 그리하지.

범팔, 너무 쉽게 영신이 말을 놓자 되려 놀라 보며

범팔 어어! 나 좌의정인데, 좌의정한테 말놨어.

영신 그러니까 말입니다. 일국의 재상이 옷꼬라지가 그게 뭡니까.
그 비싼 비단옷에 김치국물이나 흘리시고,
잘하시는 짓입니다.

범팔, 자신을 타박하는 영신을 보고 웃음을 터뜨리며

범팔　자네 말이 맞네, 내 팔자에 재상이라니 말이 되는가.
동래부사도 큰아버님이 거기 가지 않으면 내시를 만들어 버린다고 하길래 울며 겨자먹기로 갔던 것일세. 그런 내가 좌의정이라니..
이건 뭐 할 일도 많고 체통도 지켜야 하고 이리 술 한잔 할 시간도 없어요.

영신, 신이 난 범팔을 보다가

영신　덕분에 이 나라가 제자리를 찾아가고 있습니다.

범팔　(보는)

영신　경상땅의 백성들도 아픔을 딛고 잘 살아가고 있습니다.
제 눈으로 보았습니다.

범팔　(보다가 손사래를 치며) 그만하게. 이거야 원 자네하고까지 어려운 얘기를 해야겠나. 술이나 마시세.

영신, 그런 범팔을 엷은 미소로 보다가

영신　전하께서는 잘 계십니까?

영신의 질문에 잠시 멈칫하던 범팔. 염의 생각에 아빠 미소가 절로 지어지며 범팔 잘 크고 계시네. 그 어린나이에 벌써 사서삼경을 통달하셨다네. 분명 성군이 되실게야. 암.
...잘 보필해야지. 저하께서 그리 부탁하시지 않았는가..

창의 얘기가 나오자 서서히 눈빛 가라앉는 범팔의 모습에서..

27 D, 과거, 선원전

6부 18씬에 이어지는..
아이를 죽이려는 듯 검을 내려치려는 창의 모습. 눈을 질끈 감는 서비.
멀리 선원전 입구에서 바라보던 영신과 범팔 역시 멈칫하는데..
순간, 허공에서 멈춰 서는 창의 검. 서비, 서서히 눈을 뜨고 창을 본다..

서비 ...저하..
창 네 말을.. 믿어도 되겠느냐.. 그 아이.. 정녕 역병에 걸리지 않은 것이냐..
서비 ..그러합니다. 괴물에게 물린 손과 팔을 물에 넣었더니 벌레가 빠져나왔습니다. 이 아이는 역병에 걸리지 않았습니다.

서비를 보다가 천천히 검을 내리는 창.
그때, 선원전 입구 쪽에서 들려오는 대제학의 목소리.

대제학(소리) 아니됩니다!

보면 어느새 영신과 범팔을 지나 선원전 안으로 들어서고 있는 대제학과 민치록이다.

대제학 원자는 적통을 이은 대군입니다. 원자를 살려놓으신다면 이 나라는 큰 혼란에 빠지게 될 것입니다.

창, 천천히 뒤돌아 대제학과 민치록을 바라본다.

대제학 왕위를 이을 자는 한 명이어야 합니다!
어서 원자를 죽이십시오!

창, 대제학을 가만히 보다가

창 대감의 말씀이 맞습니다.. 원자와 저.. 둘 중 한 명은 죽어야 합니다.
그런데.. 누가 죽는 게 옳을까요..

서비, 영신, 범팔, 대제학, 민치록, 창을 바라본다.

창 원자는 적통의 피를 이은 대군이고..
난.. 아바마마를 참한.. 대역죄인 서자입니다..

서비, 영신, 범팔, 안타까운 눈빛으로 창을 바라보고
대제학, 혼란스러움에 할 말을 잃는다. 민치록, 굳은 눈빛으로 창을 본다.
그런 사람들을 바라보던 창, 결연한 말투로

창 둘 중 한 명을 선택해야 한다면..
전란과 역병으로 얼룩진 이 나라에 필요한 왕이 누구냐 묻는다면..
대감께서는 누굴 선택하시겠습니까?

대제학, 혼란스러운 눈빛으로 쉽게 입을 열지 못한다.
창, 천천히 고개 돌려 서비의 품에 안긴 아이를 바라본다.

창 저 아이는 이 나라 왕실의 마지막 희망입니다..
원자를 이용해 잘못된 권력을 잡으려는 무리들은 모두 사라졌으니..
대감께서 어린 원자를 좋은 왕으로 만들어 주십시오.
전 대제학 대감을.. 대감을 따르는 곧은 대신들을 믿습니다.

창, 그 말을 끝으로 검을 갈무리하며 여전히 혼란스러운 대제학을 지나 나가려는데 창 앞에 무릎을 꿇는 민치록.

민치록 안됩니다. 만약 원자가 선대왕의 피를 이은 것이 아니라면..

창, 민치록을 강하게 보며 말 끊는다.

창 저 아이는..

일동 창을 바라보는..

창 원자는.. 아바마마의 핏줄을 이은 내 아우가 맞다.

그런 창을 바라보는 영신, 서비의 시선.

창 ...끔찍한 역병에 아바마마도.. 나도.. 내 어미라 칭했던 중궁도 죽었다 적거라..
이것이 왕가의 핏줄을 이은 내가 마지막으로 할 수 있는 일이다..

뒤돌아 멀어지는 창의 뒷모습.
그런 창을 바라보는 서비, 범팔, 영신, 대제학과 민치록의 모습에서..

28 D, 현재, 범팔의 집, 사랑방

병째 술을 꿀꺽꿀꺽 마시는 범팔. '쾅' 바닥에 술병을 내려놓으며..

범팔 저하는 잘 지내시겠지? 암.. 의녀가... 곁에 있으니 잘 지내고 계실걸세.

영신, 그런 범팔을 보다가.. 눈빛, 진지해지며
짐 꾸러미 안에서 서책 하나를 꺼내 범팔에게 건넨다.

범팔 이게 무언가?
영신 그간 의녀가 역병에 대해 정리한 것입니다.

범팔, 서책을 한 장 넘겨 읽기 시작하는 모습에서..

29 몽타주

–객주의 방 안. 탁자 위에 펼쳐진 종이 위에 깨알같이 역병에 대한 지식들을 기록하고 있는 서비의 모습 위로

서비(소리) 역병은 생사초로 죽은 자를 되살리면서 생겨났습니다.

–시즌 1. 죽은 왕을 살려내는 이승희 의원의 모습.
생사초를 짓이겨 침에 묻힌 뒤 인당혈에 꽂는 이승희 의원.

서비(소리) 생사초에 낳은 충의 알이 천곡을 조종하여 죽은 자를 되살리는데 이렇게 되살아난 자는 이지를 잃고 고통을 느끼지 못하며 산 사람의 피와 살만을 탐하게 됩니다.

* 자막 – 천곡 : 뇌

–시즌 1 3부. 궁녀들의 살을 먹어 치우는 왕의 모습
–시즌 1 1부. 이승희 의원이 데리고 온 관 안에 죽은 단이의 모습.

서비(소리) 죽음에서 되살린 자에게 물린 자는 몸안에 벌레가 들어오지만 괴물로 변하지는 않고 다만 몸이 차갑게 변하며 시름시름 앓다 죽음에 이릅니다.

–시즌 1 1부. 죽은 단이의 인육을 먹는 지율헌 사람들.
경련과 함께 죽음에 이르렀다가 다시 되살아나 다른 이를 덮치는..

서비(소리) 병증이 전염되기 시작한 것은 동래. 지율헌..
병자에게 물려 숨진 시신에 열을 가하고 사람들이 먹자 경련과 함께 죽음에 이르렀다 괴물로 변하였는데 이때부터 그 괴물에게 물린 사람들도 괴물로 변하였습니다.

–시즌1 2부 29씬. 지율헌 약재 창고.
이승희 의원에게 물리고 죽은 듯 쓰러졌다가 기괴한 몸놀림으로 괴물로 변해 일어나 창에게 덤벼들던 범일.
–시즌1 3부 2씬. 옥사 안에서 물고 물리며 죽었다 살아나 다른 이들의 인육을 탐하기 시작하는 괴물들.
그런 모습들 위로 서비의 목소리.

서비(소리) 허나 물렸다고 해서 모두 괴물로 변하는 것은 아닙니다.

–시즌2 6부 12씬.
몸 안에서 하얀 벌레가 빠져나가자 보통의 시신으로 돌아가며 물 안으로 가라앉기 시작하는 괴물들..
그런 시신들 사이. 가라앉고 있는 창의 모습.
죽은 듯 눈을 감고 서서히 가라앉고 있는 창의 손끝에서 빠져나가는 흰 벌레.
그리고 천천히 눈을 뜨는 창.
그 위로 서비의 목소리

서비(소리) 병자에게 물렸어도 죽음에 이르기 전에 물에 들어가면,
천곡까지 가지 못한 벌레가 몸에서 빠져나와 역병에서 벗어나게

되며

–시즌 2 6부 10씬.

정전에서 자지러지게 울고 있는 아기를 바라보는 서비의 떨리는 시선.

팔과 손에 괴물에게 물린 상처가 있지만, 아기의 그 어디에도 역병의 흔적은 보이지 않는다.

–서비, 창고 안에 있던 항아리 문을 열자, 물이 담겨 있다.

그 물에 아기가 물린 손을 담그는데 상처에서 빠져나가는 벌레.

서비(소리) 또한 천곡이 아직 온전히 발달하지 않은 갓난아기 역시 병자에게 물려도 병이 옮기지 않습니다.

–시즌 1 6부, 아침 안개를 뚫고 상주읍성을 향해 뛰어오는 괴물들.

–시즌 2, 봄이 온 상주읍성, 어느새 사라진 괴물들을 바라보는 사람들의 모습 위로

서비(소리) 찬 성질을 좋아하여 더운 기운이 강한 봄, 여름에는 발병하지 못하고 가을과 초겨울에는 해가 있는 동안만 발병하며 일년 중 가장 찬 동지부터 입춘까지는 낮밤 모두 깨어납니다.

–객주 방 안, 글을 쓰던 서비, 어두운 눈빛으로 탁자 옆에 놓여진 생사초를 바라본다.

서비(소리) 그러나 아직까지 밝혀지지 않은 것이 있습니다.

분명 이 벌레는 찬 성질을 좋아했는데 반대로 열을 가하자 더욱

폭주하며 전염이 시작됐습니다.

다시 고민하다가 붓을 들고 글을 적어 내려가는 서비의 모습에서..

서비(소리) 생사초에는 더 큰 비밀이 숨겨져 있습니다.
그 비밀을 알아내야만 합니다.

30 N, 범팔의 집, 사랑방

책을 읽어 내려가던 범팔, 의아한 얼굴로 영신을 보며

범팔 의녀는 아직도 역병에 대해 쫓고 있었던 겐가?
역병은 칠년 전 모두 끝났네.

영신, 굳은 눈빛으로 범팔을 보며

영신 아뇨. 끝나지 않았습니다.

멈칫해서 영신을 바라보는 범팔.

영신 상주땅 외에 다른 곳에서도 생사초가 자라고 있었습니다.

범팔 (놀라 보는) 대체 거기가 어디인가?

영신 한 곳이 아닙니다.. 경상땅을 비롯한 하삼도, 경기, 강원, 황해..
전국 모든 곳에서 생사초가 발견됐습니다.

31 D, 과거, 강원도 계곡 일각

짙은 안개 사이, 하나둘씩 도깨비불처럼 어른거리며 다가오는 횃불들.
안개 사이로 서서히 나타나는 사람들.
창과 서비를 비롯한 가노 일행들이다.
횃불 아래 드러난 풍경을 굳은 눈빛으로 바라보는 창 일행의 시선 좇아가면 계곡 가득 피어 있는 보랏빛 생사초. 앞서 다가가 생사초를 뜯어 확인해보는 서비, 뒤돌아 창에게 다가와 생사초를 바친다.

서비 생사초가 확실합니다.

굳은 눈빛으로 생사초를 내려다보는 창.
그때, 계곡 입구 너머 쪽에서 느껴지는 인기척.
보면 영신과 가노 몇 명이 인근 마을의 촌장과 촌장 아들과 함께 다가서고 있다.
겁에 질린 촌장과 아들, 창의 앞에 서고.. 그들을 데리고 온 영신.

영신 가까운 산촌의 촌장과 그 아들입니다.
창 이 풀들, 언제부터 이 곳에 있었느냐.

촌장과 아들, 겁에 질려 말을 못하는데..

가노 1 대답하거라!
촌장 그..그것이.. 저희가 심은 것입니다.

놀라서 촌장을 바라보는 창, 영신과 일행들.

창　그게 무슨 말이냐. 너희들이 직접 심다니.. 어디서 이 풀을 구했다는 것이냐.

촌장　제 아들놈이 돈벌이를 하겠다며 만상을 따라 중국을 다녀오던 중에 압록강변에서 얻어온 풀인데 혹여라도 돈이 될까해서 심은 것입니다.

멈칫해서 촌장과 아들을 바라보는 창 일행.

창　(아들을 보며) 사실이냐?

아들　(겁에 질려) 맞습니다. 죽은 이를 살리는 풀이라 하여 잘 키우면 돈이 될까 싶어 사왔지만, 아무도 믿어주지 않아 버려둔 것입니다.

그런 촌장과 아들을 불길한 눈빛으로 바라보는 창과 서비, 영신, 가노들의 모습에서..

32　N, 현재, 범팔의 집, 사랑방

놀라 영신을 바라보는 범팔.

범팔　..북녘의 누군가가 생사초를 팔았단 말인가?

영신　확실합니다. 생사초를 사용해 죽은 이를 살려내는 방법도 정확히 알고 있었습니다. 그 풀을 판 이가 그리 일러주었다 합니다.

범팔　(혼란스러운) 대체.. 누가 그 위험한 풀을..

영신　저하께서 좌상대감께 이 사실을 알리라 절 보내셨습니다. 혹여라도 역병이 퍼질 것을 대비해 이 책도 전해드리라 하셨구요.

범팔　저하께선? 어디에 계신가?

영신　..직접 그 자를 찾기 위해 북녘땅으로 가셨습니다.

33　N, 북녘땅 일각

흐린 달빛, 스산한 바람 소리 속에 하늘을 찌를 듯 솟은 침엽수림 위를 유영하듯 이동하는 화면. 험하고 거친 끝도 모를 삼림 위를 비추는데..

34　N, 북녘, 산간 마을 일각

인적 하나 느껴지지 않는 조용한 열몇 가구 정도의 화전민촌 위로 들려오는 말발굽 소리. 보면 창, 서비를 비롯한 가노들이다.

굳은 눈빛으로 화전민촌을 바라보는 창 일행.

가노들, 말에서 내려 가벼운 몸동작으로 마을 곳곳을 살펴보기 시작하고..

서비 역시 내려 살펴보는데 마을 그 어디에도 사람은 보이지 않고 텅 비어 있다. 창에게 되돌아와 보고를 올리는 가노 1.

가노 1　여기도 마찬가집니다. 사람들이 보이지 않습니다.

가노 2　(뒤이어 다가와 보고하는) 세간살이들은 남아있는데 사람들만 사라졌습니다.

불길한 눈빛으로 주변을 둘러보는 창.

가노 1 지금까지 지나온 마을 모두 똑같았습니다.
대체 다들 어디로 간 걸까요..

그때, 마을 한 집을 둘러보고 있는 서비.
그런 서비를 남몰래 숨어 바라보는 듯한 시선.
서비, 그런 누군가를 눈치채지 못하고 텅 빈 집을 확인하고는 돌아서서 나오려다가 마당 흙 사이에서 뭔가를 발견하고 '저하!' 외친다.
그 소리에 서비에게 다가오는 창, 가노들.
서비, 마당에서 주운 것을 들어 올려 창에게 보인다.
보랏빛 꽃잎. 생사초 꽃잎이다.

서비 ..생사초입니다..

놀라 꽃잎을 바라보는 창 일행.
그때, 저 멀리 어디선가 환청처럼 '딸랑..''딸랑..' 방울 소리가 들려온다.
뭐지? 고개 돌려 그쪽을 돌아보는 사람들.

35 N, 범팔의 집, 사랑방

영신은 사라지고 사랑방에 홀로 남아 황촛불 아래 서비가 전한 책을 보고 있는 범팔. 읽어 내려가다가 마지막 장을 바라본다.

범팔 생사초에는.. 더 큰 비밀이 숨겨져 있다..

36 N, 궁궐, 강녕전 외곽

정적이 감도는 강녕전 건물.

37 N, 강녕전

어두운 침전, 잠들어 있는 염.

그 옆에서 그런 염을 가만히 바라보고 있는 문수.

염이 깊이 잠든 듯하자 이부자리 옆에 켜져 있는 촛불을 끄려는 듯 무릎 걸음으로 다가가는데..

이불 밖으로 나온 염의 손등을 타고 순간 나타났다 사라지는 무언가..

조학주의 목을 타고 움직이던 것과 똑같은 벌레가 손의 혈관 안을 타고 움직이다가 사라진다.

놀라지도 않고 그저 가만히 그런 염을 바라보던 문수.

비밀을 감추려는 듯 타오르던 촛불을 꺼버린다.

38 N, 북녘, 산간 마을 일각

긴장한 눈빛으로 들려오는 방울 소리를 듣고 있는 창 일행.

점차 더욱 가까워지는 방울 소리.

흐린 달빛 아래, 집들 사이로 서서히 나타나는 작은 그림자.

발목에 매어진 작은 방울에서 틸업하면 기괴한 손과 입이 온통 피투성이인 괴물로 변한 소년이다.

'크르르' 낮게 울음소리를 내던 소년, 창 일행의 피 냄새를 맡은 듯 '크아아악' 포효하며 기괴한 모습으로 달려오기 시작한다.

소년의 움직임과 함께 '딸랑딸랑딸랑' 미친 듯이 울리기 시작하는 방울 소리.

굳은 눈빛으로 뛰어오는 괴물을 바라보며 검을 뽑는 창과 가노들.

가장 먼저 달려오는 소년 괴물에게 달려가는 창, 검을 내리쳐, 소년의 목을 잘라낸다. 땅 위에 떨어지는 소년의 목.

창, 가노들, 긴장한 눈빛으로 그런 소년의 목을 바라보는데..

서비, 목이 잘린 소년의 몸통 쪽으로 다가가 혼란스러운 눈빛으로 발목에 달린 방울을 본다.

서비 대체.. 누가..

그때, 저 멀리에서 다시 들려오기 시작하는 방울 소리.

'딸랑...''딸랑...''딸랑..' 이번에는 한 개가 아니다.

여기저기 사방에서 다가오기 시작하는 방울 소리에 긴장한 눈빛으로 주변을 바라보는 창, 서비, 가노들의 모습에서 서서히 그들의 뒤편 어둠을 비추는 화면.

39 N, 북녘, 모처

멀리서 희미하게 방울 소리들이 들려오는 헛간.

울렁거리는 등잔 불빛 아래 바닥를 훑으며 안쪽으로 향하는 화면.

피와 부러진 손톱들로 가득한 벽면. 피 칠갑이 된 족쇄들.

바닥에 흩뿌려져 있는 보랏빛 생사초 꽃잎들을 지나면 헛간 가장 안쪽에 서 있는 누군가의 뒷모습.

손에 들린 십수 개의 붉은 실에 꿰인 방울들에서 털업하면 천천히 방울 소리가 들려오는 바깥쪽을 돌아보는 얼굴. 여진족 성저야인 아신이다.

40 N, 북녘, 산간 마을 일각

점차 빠르게 다가오는 방울 소리에 더욱 긴장하여 사방을 경계하는 창과 서비, 가노들.

헛간 안의 아신과 창, 서비, 가노들의 모습 빠르게 교차되며..

6부 끝

스틸컷